全国未成年人生态道德教育系列教材

美丽家乡——黄河口

中国野生动物保护协会

东营市关心下一代工作委员会

东营市自然资源局

山东黄河三角洲国家级自然保护区管理局　　编著

东营市观鸟协会

中国农业出版社

北京

前　言

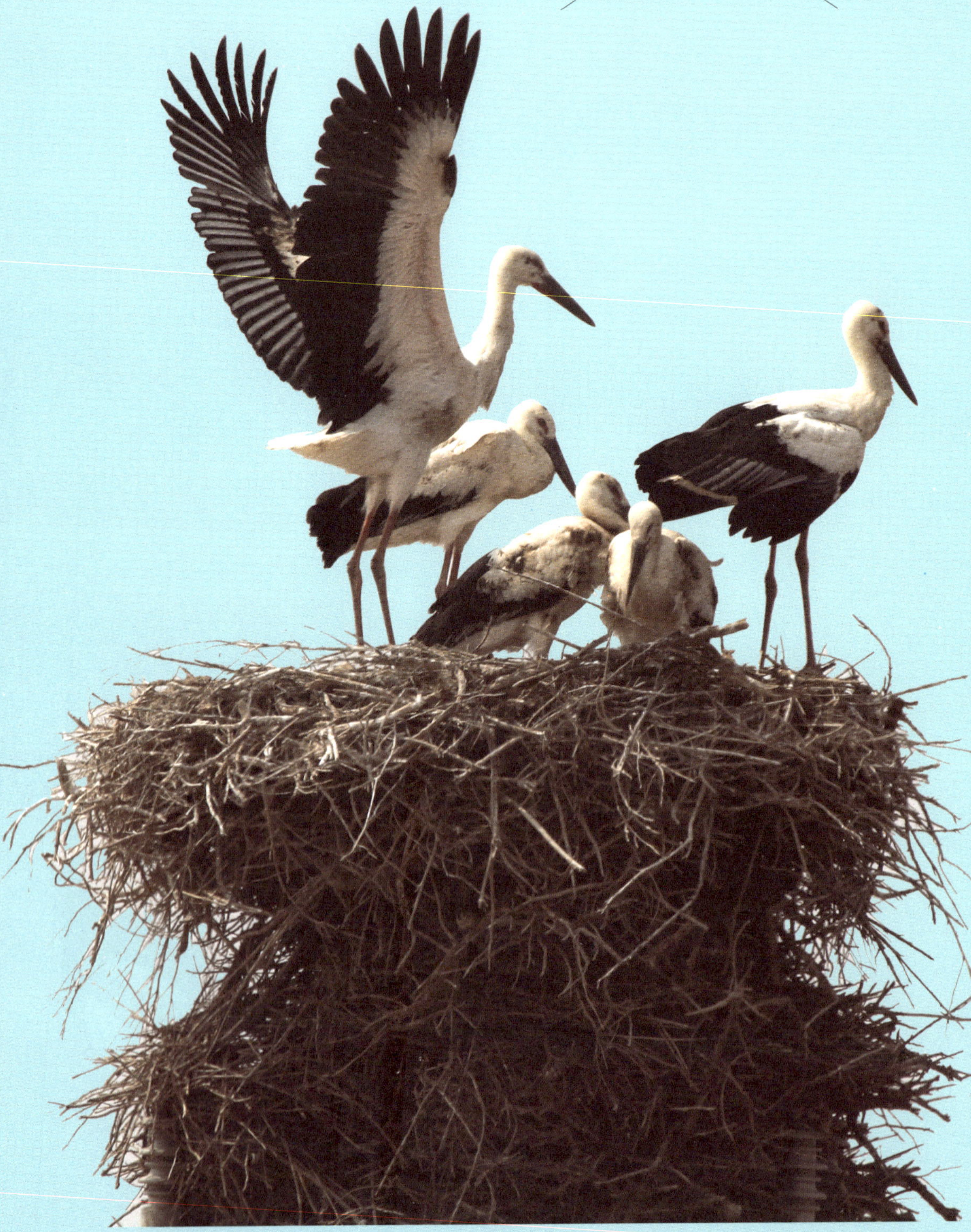

党的十九大报告提出了大力推进生态文明建设、实现美丽中国。为贯彻落实十九大和中共中央、国务院《关于加强和改进未成年人思想道德建设的若干意见》精神，中国野生动物保护协会会同各地教育、自然资源等相关部门组织编写了《全国未成年人生态道德教育系列教材》。教材根据国家林业和草原局（原国家林业局）《关于加强未成年人生态道德教育的实施意见》和《关于充分发挥各类自然保护地社会功能大力开展自然教育工作的通知》、教育部《中小学环境教育实施指南》和《关于推进中小学生研学旅行的意见》等文件精神，将生态保护、生态道德教育融入中小学综合实践活动课程，从未成年人家乡特有的生境和野生生物入手，通过有目的、有针对性的教育和引导，帮助未成年人科学认识人与自然的关系，在未成年人的心灵深处埋下生态文明和生态道德的种子。

这套教材凝聚了生态保护和教育教学工作者以及公益组织的心血，是一套既能满足中小学综合实践活动课程需要，也适合开展未成年人生态道德教育的鲜活素材，同时还是引领未成年人热爱祖国、热爱家乡、热爱大自然的科普图书。

未成年人是祖国的未来，未成年人的生态文明理念和生态道德行为直接关系到我国生态建设的兴衰，抓好未成年人生态道德教育意义十分重大。中国野生动物保护协会自1983年成立以来，始终把未成年人生态道德教育作为工作的出发点和落脚点并做了大量细致工作，多次召开生态道德教育论坛，举办"自然体验培训师"培训，表彰"未成年人生态道德教育示范学校"，出版野生动物保护科普图书。经过不懈努力，现在已初步形成以学校为教育主体、以自然保护区为教育基地、以骨干教师和自然体验培训师为师资、以生态道德教育教材为载体、以课堂和活动为途径的未成年人生态道德教育体系。

中国野生动物保护协会在组织编撰这套教材的过程中，得到了各位顾问、专家及合作单位的大力支持，在此一并致谢。

中国野生动物保护协会

代 序

大河的馈赠

　　中华儿女的母亲河——黄河，流经9个省份，经过5 464千米的漫长征程于山东省东营市蜿蜒入海。当九曲黄河一路东行汇入渤海，黄河所携带的大量泥沙在黄河入海口处沉积成陆，形成了黄河三角洲冲积平原。我们美丽的家乡东营市便在黄河入海口处，是黄河三角洲的中心城市。

　　黄河口每年形成2万~3万亩的新生湿地，为中国暖温带最年轻、最广阔、保存最完整的河口湿地生态系统，是"共和国最年轻的湿地"，被评为"中国最美的湿地"。这里地理位置优越，生态环境独特，数以万计的珍稀鸟类在此栖息云集，被

称为"鸟类的天堂""候鸟的国际机场"。2018年，在全球首批18个国际湿地城市评选中，东营市作为中国入选的6个城市之一，被评为"国际湿地城市"。

"绿水青山就是金山银山。"美丽家乡黄河口是大自然的馈赠，是我们赖以生存的家园，了解她、保护她是我们共同的责任。《美丽家乡——黄河口》紧扣黄河口的生态特色，以图文并茂的方式深入浅出地介绍了丰富的生态知识，是广大中小学生了解黄河口、体验大自然、保护大自然的优秀生态道德教育教材。通过本书的推广和使用，可启发我们用眼睛去发现黄河口的美丽，用心灵去体验黄河口的神奇，自觉树立尊重自然、顺应自然、保护自然的文明生态观。"建设生态文明是关系人民福祉、关乎民族未来的大计。"广大中小学生是生态环境的保护者、建设者、受益者，是生态文明建设的生力军和环境保护的忠诚卫士。通过我们的学习，让我们了解她、保护她，让我们美丽的家乡黄河口永远充满生机活力！

感谢北京市企业家环保基金会（阿拉善SEE）提供资金支持。

崔兆武

2019年10月

目　录

知识篇　KNOWLEDGE

研学篇 RESEARCH PAPER

KNOWLEDGE

知识篇

美丽家乡——黄河口

01 家在黄河口

一　我的家乡

东营市位于黄河三角洲渤海之滨，陆地面积8 243平方千米，海岸线长412.67千米，海洋国土面积59 019平方千米，下辖东营区、河口区、垦利区、广饶县和利津县5个区县，其中黄河自西南向东北流经利津县、东营区，在垦利区的黄河口镇入海，境内的黄河长度138千米。"三区两县"中除了广饶县、利津县成陆较早外，东营区、河口区、垦利区这3个区均于近代黄河泥沙造陆所成，是共和国最年轻的土地。

一百年前，现在东营市的大部分还是一片沧海，后来因为黄河改道至此，在黄河和渤海的双重作用下，形成了现在的黄河三角洲。东营的每个县区都有临海区域，其中有近70%的土地由黄河淤积造陆退海形成。随着人类文明的进步和我国油田事业的发展，逐渐形成了现在的城市。可以说，东营市的诞生与黄河、渤海、石油三大要素密不可分。

二　黄河在这里入海

　　黄河是中华文明最主要的发源地，是中华儿女的"母亲河"。它发源于青海省青藏高原的巴颜喀拉山脉查哈西拉山的扎曲、北麓各恣各雅山下的卡日曲和星宿海西的约古宗列曲，流经9个省份，全长约5 464千米，最后汇入渤海，是世界第五大长河，中国第二长河。当黄河流经黄土高原地区时，大量的泥沙流入黄河，使黄河成为世界上含沙量最多的河流。据统计，黄河每年携带16亿吨泥沙，其中12亿吨流入渤海，剩下4亿吨滞留在黄河。

三　黄河三角洲的形成

　　黄河三角洲主要分布于山东省东营市和滨州市境内，是由古代、近代和现代3个三角洲组成的联合体。

　　古代三角洲以利津县城为顶点，西起套尔河口，南达小清河口，陆上面积约为7 200平方千米。近代三角洲是黄河1855年在河南省兰考县铜瓦厢决口夺大清河流路注入渤海形成的，以宁海为顶点，西起套尔河口，南抵支脉沟口，面积约为5 400平方千米。现代黄河三角洲是1934年以来至今仍在继续形成的，以渔洼为顶点，西起挑河，南到宋春荣沟，陆上面积约为3 000平方千米。

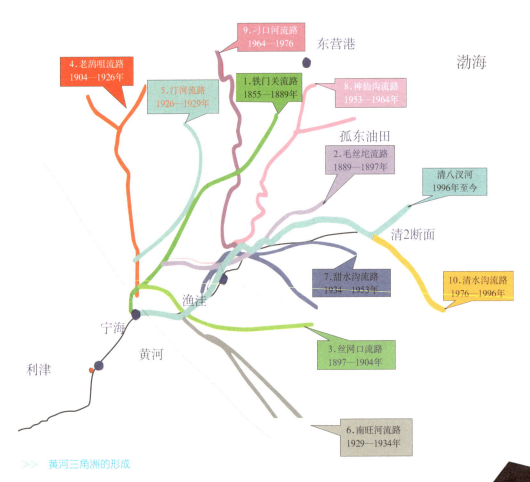

4.老鸹咀流路
1904—1926年

9.刁口河流路
1964—1976

东营港

渤海

5.汀河流路
1926—1929年

1.铁门关流路
1855—1889年

8.神仙沟流路
1953—1964年

孤东油田

2.毛丝坨流路
1889—1897年

清八汊河
1996年至今

清2断面

7.甜水沟流路
1934—1953年

10.清水沟流路
1976—1996年

渔洼

宁海

黄河

3.丝网口流路
1897—1904年

利津

6.南旺河流路
1929—1934年

>> 黄河三角洲的形成

在自然条件下，黄河尾闾河段遵循淤积、延伸、摆动、改道的规律，不断扩大面积。据记载，1855年改道后，黄河尾闾改道50余次，较大的变迁有12次。特别是在黄河入海口处，黄河受渤海海水的顶托，河水流速变缓，携带的大量泥沙在此沉降成陆，使陆地面积不断扩大，海岸线不断向海推进，形成了扇形面积。

小博士

黄河口的新生陆地是如何形成的？

黄河口的新生陆地是由于黄河携带的泥沙沉积形成的，它受黄河泥沙淤积造陆和海岸侵蚀双重作用的影响。据专家推测，黄河泥沙淤积造陆和海岸侵蚀的比值为4：1，当黄河入海泥沙为3亿吨时，黄河不会形成新生陆地；当少于3亿吨，河口的陆地海岸会侵蚀后退；当大于3亿吨，在河口附近会形成新的陆地。

四　因油而兴的东营市

　　1961年4月，华北石油勘探处在原广饶县辛店公社东营村附近打成境内第一口勘探井——华八井，获日产8.1吨工业油流。从此，拉开华北石油会战序幕。1962年9月23日，在东营构造上打成的营2井获日产555吨油流，为当时全国日产量最高的油井。为纪念这一天，胜利油田始称"九二三厂"。1971年6月11日，九二三厂更名为"胜利油田"。为适应胜利油田发展和开发建设黄河三角洲的需要，1982年8月，山东省政府向国务院请示成立省辖地级市——东营市。1983年10月东营市正式成立，截至目前，东营市已成为黄河三角洲的中心城市，人口达200余万人，是一座因石油而兴起的新兴城市。

>> 胜利油田钻井平台

石油是如何形成的？

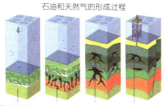

石油和天然气的形成过程

海洋生物　石油和天　石油和天　形成贮油
死亡后沉 → 然气形成 → 然气向上 → 层和天然
到海底　　　　　　移动　　　气层

　　煤主要是由于森林长期被埋在地下形成的；石油、天然气主要是古代海洋或湖泊中的生物遗骸、堆积在湖里、海里或陆地上，经高温、高压的作用，由复杂的生物及化学作用转化而成的。

小博士

　　为什么东营的地下会有这么多的石油呢？是因为东营的地层自老至新有太古界泰山岩群，古生界寒武系、奥陶系、石炭系和二叠系，中生界侏罗系、白垩系，新生界第三系、第四系，从古至今形成的富生油洼陷多、大型正向构造多、油气富集区多。截至目前，东营市内已发现了胜坨、东辛、孤东、孤岛、埕岛等45个油田，累计探明石油地质储量39亿吨以上。

　　东营市是中国第二大油田——胜利油田的发祥地和主产区，胜利油田80%的石油地质储量和85%的产量在东营境内，因此东营市也被誉为"石油之城"。

五　地名见证东营历史变迁

　　地名富含人民群众的创造力、想象力，隐藏着丰富有趣的历史故事、文化渊源。东营的许多地名就见证了东营历史的变迁。

　　二十师村。在垦利区东部有个有趣的村名叫"二十师村"，它的起名与一支部队有关。1930年，国民党部队在此屯垦，将大片土地圈占分封给其部属耕种。其中一块区域是二十师的军管地，"七七事变"后军管人员撤走，土地归佃农耕种并建村，起名为"二十师村"。像"二十一户""十八户""李呈村"等许多地名的产生与移民有很大关系。

　　刁口乡。有的地名与黄河河道的变迁有关。1938年，黄河尾闾改道至刁口海铺入海，渔民纷纷到此搭盖窝棚捕鱼，称此地为"渔窝棚"。而在此作业的渔民多用钓钓的方式捕鱼，前来贩鱼的商贩又给这个地方起名为"钓口鱼坨"。再后来，为了书写方便，"钓"字慢慢简化为"刁"，就有了现在刁口乡的称呼。像"渔洼村""河口区"等地名也与黄河河道的变迁有关。

　　飞雁滩油田。在东营北部临近渤海的地方，有个因鸟而命名的地名——"飞雁滩"，这与石油工人艰苦的工作环境有关。20世纪90年代，胜利油田在此发现了石油，大批工人开始在此作业生产，可是这里是漫漫滩涂，没有任何标志物，只有成群的大雁在此栖息飞翔。为了方便记忆、标识此区域，油井工人称此处为"飞雁滩油田"。像"孤岛""仙河""红柳油田"等地名也是因石油开发而命名的地名。

实践活动

（1）**听一听**。歌曲赏析：《黄河入海流》（彭丽媛演唱）、《等你在黄河口》（陈思思演唱）。

目的：通过赏析抒发热爱家乡的感情。

建议活动时间：15分钟。

（2）**谈一谈**。我们好多市民是外来的移民，与爸爸、妈妈、爷爷、奶奶谈谈他们的老家在哪里？为什么来到东营？你的家乡地名是怎么来的，有什么故事？

（3）**找一找**。在东营市地图上，找到你家的位置，说一说在哪个区（县）？

东营市行政区划示意图

N

利津县

河口区

利津县

垦利区

东营区

广饶县

>> 东营市行政区划图

02 走近湿地

一　什么是湿地？

"湿地"(wetland)就是"潮湿的土地"。《湿地公约》对湿地的定义是"湿地系指其为天然或人工、长久或暂时之沼泽地、泥炭地或水域地带，带有或静止、或流动、或为淡水、半咸水或咸水的水体者，包括低潮时水深不超过6米的水域"。

二　如何识别湿地？

湿地最明显的标志是有水，我们可以根据水、植物和土壤的特征来识别。

水：地表有常年积水、季节性积水或土壤过湿。

植物：有适宜水生的植物，如水生植物、沼生植物或湿生植物。

土壤：以排水不良的水成土为主，多富含有机质。

>> 水   >> 植物   >> 土壤

三 湿地的类型

　　湿地分为自然湿地和人工湿地两大类。自然湿地就是天然形成的湿地，如河流、湖泊；人工湿地是因人为活动而形成的湿地，如池塘、水渠、稻田等。进一步细分，湿地可分为五大类型。

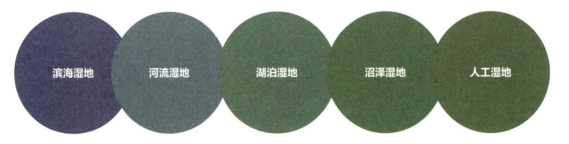

滨海湿地　河流湿地　湖泊湿地　沼泽湿地　人工湿地

>> 福建省惠安洛阳红树林

● 滨海湿地

在陆地与海洋之间，是海洋和大陆相互作用的地带。这里生物多样性丰富，在防风护岸、降解污染、调节气候等诸多方面具有重要价值。

● 河流湿地

包括永久性河流、季节性或间歇性河流、河水泛滥淹没的河流两岸等区域，它提供了丰富的生产、生活用水，是我们生存的保障。

>> 江苏省京杭大运河湿地

● 湖泊湿地

常年积水的海岸以外的淡水、半咸水、咸水湖泊，拥有季节性或临时性洪泛平原湖。它具有调蓄洪水、维护生物多样性等生态价值和调节气候、供水(蓄水)、水产业、航运等经济价值。

>> 江西省鄱阳湖湿地

● 沼泽湿地

沼泽的特点是地表经常或长期处于湿润状态，具有特殊的植被和成土过程，有的沼泽有泥炭积累，有的没有泥炭。这类湿地中常生长植物，根据植物类型可进一步细分，如森林沼泽、草本沼泽、灌丛沼泽等。

>> 青海省三河源湿地

● **人工湿地**

因为人为活动而形成的湿地，如常见的池塘、水库、盐田、灌溉地等。

中国拥有世界上所有的湿地类型，是世界上湿地面积最大、分布最广、类型最多、生物多样性最丰富的国家之一。湿地总面积居亚洲第一位，世界第四位。从寒温带到热带，从平原到山地、高原，从沿海到内陆都有湿地分布。

>> 浙江省西溪湿地

我国湿地的类型及面积（单位：万公顷）
（根据2013年第二次全国湿地资源调查结果）

湿地 5 360.26				
自然湿地 4 667.47				人工湿地 674.59
滨海湿地 579.59	河流湿地 1 055.21	湖泊湿地 859.38	沼泽湿地 2 173.29	

四 湿地的功能

湿地与森林、海洋并称为全球三大生态系统，孕育和丰富了全球的生物多样性，是全球价值最高的生态系统。据联合国环境署权威研究表明，1公顷湿地生态系统每年创造的价值高达1.4万美元，是热带雨林的7倍，是农田生态系统的160倍。

| 生态功能 | ·野生动物栖息地
·保留营养物质
·清除毒物
·防海水侵蚀 | 水文功能 | ·提供水源
·补充地下水
·调节水流量
·调节小气候 | 经济功能 | ·提供资源
·航运 | 社会功能 | ·休闲旅游
·教育科研 |

（一）生态功能

● 野生动物栖息地

>> 鱼类1 000余种

>> 两栖类300余种

>> 爬行类120余种

>> 水禽270余种

中国湿地孕育着高等植物2 200余种，野生动物1 700余种，其中鱼类1 000余种，两栖类300余种，爬行类120余种，水禽270余种，兽类30余种，因此湿地有"物种基因库"的美誉。

● 保留营养物质

流水经过湿地时，其中所含的营养成分被湿地植物吸收，或者积累在湿地泥层中，净化了水源；丰富的营养又养育了鱼虾、树林、野生动物、农作物等。

● 清除毒物

森林能吸收二氧化碳，排放氧气，被誉为"地球之肺"；而湿地能有效吸收有毒物质，净化水质、润化空气，被誉为"地球之肾"。

●防海水侵蚀

湿地处于水域生态系统向陆地生态系统过渡的中间地带，当恶劣天气来临时，湿地发挥了重要的缓冲、保护作用。如红树林湿地是抵御台风、海啸、风暴潮的天然屏障，能使自然灾害的受害程度明显降低。

（二）水文功能

●提供水源

中国湿地储存了全国约96%的可利用淡水资源，仅青海三江源湿地每年为长江、黄河、澜沧江供水600亿立方米。

>> 青海三江源湿地每年为长江、黄河、澜沧江供水600亿立方米

●补充地下水

我们许多地区所使用的水源来自地下开采，湿地可以为地下蓄水层补充水源。

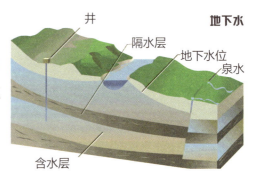

●调节水流量

湿地像个巨大的海绵，在暴雨或河流涨水期可以存蓄过量的径流，减弱洪水的灾害；而当河水径流小时，又可释放出来。

●调节小气候

湿地水分通过蒸发作用成为水蒸气，然后又以降水的形式回到周围地区，保持了当地的湿度和降雨。

（三）经济功能

●提供资源

湿地提供了多种多样的资源，如木材、食物、药材、水果、鱼类等，还可提供水力发电等能源。

●航运

许多大江大河具有重要的航运价值，为经济发展提供了条件。如京杭大运河在隋朝建成，现在还在使用，对中国南北地区之间的经济、文化发展与交流起到了推动作用。长江也具有重要的航运功能。

>>　湿地具有重要的航运价值

（四）社会功能

●休闲旅游

湿地造就了无数美景佳境，是我们旅游休闲的好去处，如浙江杭州西湖、四川九寨沟等。

>>　浙江杭州西湖景色

● 教育科研

湿地内有复杂的生态系统、丰富的生物多样性资源，是开展科普教育、科学研究的天然场地。

>> 湿地是开展研学游的理想场所

实践活动

（1）**体验湿地的蓄水功能。**

① 准备两个空矿泉水瓶，将塑料瓶盖去掉，沿瓶身三分之一的瓶颈处剪开，倒放在剪开的塑料瓶内，并在瓶身上分别标注"A"和"B"。

② 在A瓶漏斗口中放入一块吸水性良好的海绵，并塞紧；B 瓶漏斗口中倒入相等体积的大颗粒碎石块。

③ 准备两杯等体积的水，缓慢地将两杯水分别倒入两瓶塑料漏斗中。

④ 比较两个瓶中的水量，寻找A瓶和B瓶的区别之处。

我的发现：_____瓶中水量少，这是因为湿地像个大海绵，吸收了更多的水。这体现了湿地的蓄水功能。

（2）**体验湿地的净水功能。**

① 在两杯水中放入约半瓶盖的泥土和植物碎末，搅拌均匀，此时瓶中水色浑浊。

② 缓慢将水倒入漏斗中，观察A、B瓶中水的颜色区别。

我的发现：_____瓶中水的颜色浅，这说明了湿地的净水功能。

想一想：被湿地截流的物质到哪里去了？

（3）**社会调查**。到附近的市场进行调查，看看哪些生活用品或食物来自湿地？

03 湿地之城

2018年8月，东营市被国际湿地公约组织评为全球首批"国际湿地城市"。湿地是我们城市的生态特色。

一 东营的湿地类型

东营市独特的气候及地理条件，孕育了丰富多样的湿地类型。据调查，东营市有湿地五类，湿地总面积458 132.35公顷，占东营市总面积的41.58%。

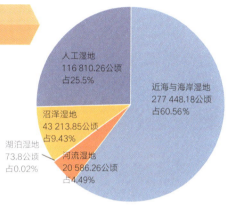

>> 东营湿地类型面积百分比图

>> 滨海湿地（防潮大坝东侧）

>> 河流湿地（黄河）

>> 沼泽湿地（飞机场南侧）

>> 人工湿地（仙河镇周围）

二　东营的湿地价值

湿地具有调节气候、蓄水调洪、保护土壤、提供生物栖息地等功能。据研究，东营湿地每年提供约100亿元的生态服务价值，平均每平方千米为338万元，远高于全球及中国单位面积价值量。

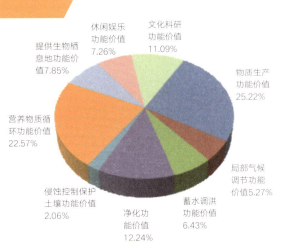

休闲娱乐功能价值 7.26%
文化科研功能价值 11.09%
提供生物栖息地功能价值 7.85%
物质生产功能价值 25.22%
营养物质循环功能价值 22.57%
局部气候调节功能价值 5.27%
侵蚀控制保护土壤功能价值 2.06%
净化功能价值 12.24%
蓄水调洪功能价值 6.43%

东营湿地价值对比

区域	生态服务功能价值 （亿元）	单位面积价值量 （万元/平方千米）
全球	2 861 048	55.42
中国	77 665.7	54.20
黄河三角洲	100.30	338.08

三　东营湿地的特点

● 世界上最年轻的湿地

黄河携带的大量泥沙在黄河入海口处沉积成陆，形成中国最年轻的湿地。东营的湿地每天都在成长、发育，是研究湿地的天然实验室，是一部"沧海桑田进行史"。

>> 沧海桑田进行史——新生湿地的成长史

● 中国最美的湿地

黄河口独特的地形地貌、优越的生态环境造就了以"奇、特、旷、野、新"为主要美学特征的景观资源。2005年、2011年，在评选"中国最美的地方"和"寻找中国最美湿地"的活动中被评为"中国最美湿地"。

>> 黄河三角洲湿地是唯一两次荣膺"中国最美湿地"的湿地

● 鸟类的"国际机场"

在候鸟长途迁徙过程中，东营是候鸟重要的迁徙停歇地、越冬地和繁殖地，东营湿地为鸟类栖息、繁殖、觅食提供了重要保障，在保护候鸟方面具有重要意义，被誉为鸟类的"国际机场"。

>> 东营是候鸟迁徙的重要停歇地

四　东营的湿地分布

东营市共有湿地5类14型，主要分为河流湿地、近海和海岸湿地、湖泊湿地、沼泽湿地与人工湿地，湿地总面积45.81万公顷，湿地率55.41%。近海和海岸湿地由北向南分布在东营沿海地区；沼泽湿地分布在河流附近区域，如黄河与东营南北河流；河流湿地主要分布在黄河东营段沿岸，在东营其他小河流沿岸也有少量分布；在东营市北部与东部和近海地区相连的区域则分布着大片的人工湿地；湖泊湿地则分布在垦利区南部河流以南。东营丰富的湿地资源为当地科学研究、可持续发展提供了重要助力。

东营市境内重要湿地统计表			
类　型	名　　称	位　　置	简　要　说　明
自然保护区（1处）	山东黄河三角洲国家级自然保护区	黄河入海口	保护新生湿地生态系统和珍稀濒危鸟类
海洋特别保护区（5处）	河口浅海贝类生态国家级海洋特别保护区	河口区，西北渤海湾近岸海域	保护贝类（近40种），渔业资源（130余种）
	莱州湾蛏类生态国家级海洋特别保护区	东营区，莱州湾西岸、广利河以北、青坨河以南海域	多种贝类的栖息和繁衍地，蛏类资源尤为丰富
	利津底栖鱼类生态国家级海洋特别保护区	利津县，渤海北、莱州湾西部海域	保护近岸、近海渔业、贝类、蟹类资源
	广饶沙蚕类生态国家级海洋特别保护区	广饶县，渤海莱州湾西岸近岸	保护底栖动物、鱼、虾、贝类，沙蚕为主的多毛类动物丰富
	黄河口国家级海洋特别保护区	垦利区，与自然保护区为邻	适宜经济鱼虾类索饵、繁殖和栖息

（续）

类　型	名　　称	位　置	简　要　说　明
湿地公园（10处）	垦利天宁湖国家级湿地公园	北起胜利水库，南达胜兴路，东至民丰3号水库，西到天宁东路	垦利区城市水源地，天宁寺是集修行弘法、教育研究为一体的综合性佛教文化修学中心
	垦利兴隆省级湿地公园	西起同兴分干，南达德州路，东至东三路河，北达永馆路	保护湿地生态系统、野生动物栖息地
	垦利米荷湾省级湿地公园	垦利街道七村，北起双河干渠，南至七村	结合水稻莲藕种植、婚庆文化，开展休闲游憩活动
	利津东津省级湿地公园	北邻310省道，南接220国道，东至黄河东岸，西到利津城区	城市近郊型湿地公园
	利津沾利河省级湿地公园	利津县东北部，S310省道以西，S316省道以北	城市近郊型湿地公园
	利津太平河省级湿地公园	利津县城北部	城乡居民休闲场所
	广饶支脉河省级湿地公园	北起武家大沟，南至支脉河，西起新海路，东与东营区搭界	观光体验
	广饶孙武湖省级湿地公园	县城东部新区淄河段，南起新潍高路，北至广码路	广饶县水源地、保护小清河水质
	河口鸣翠湖省级湿地公园	河口区城西	城乡居民休闲场所
	东营龙栖湖省级湿地公园	南至兴龙路，北至欣龙路，东至黄河南展大堤，西至龙栖大道	湿地生态体验

实践活动

调查身边的湿地，并将调查信息记录到下表中。

东营湿地调查表

调查时间：＿＿＿＿＿＿＿调查地点：＿＿＿＿＿＿＿调查人：＿＿＿＿＿＿

类型	＿＿＿＿＿＿＿＿＿滨海湿地、＿＿＿＿＿＿＿河流湿地、 ＿＿＿＿＿＿＿＿＿湖泊湿地、＿＿＿＿＿＿＿沼泽湿地、 ＿＿＿＿＿＿＿＿＿人工湿地
外观描述	湿地内是否长有植物：＿＿＿＿＿种类有：＿＿＿＿＿＿＿＿＿＿ 湿地内是否有动物（或鸟类）：＿＿＿＿＿种类有：＿＿＿＿＿＿＿ 湿地内是否有水：＿＿＿＿＿淡水＿＿＿＿＿咸水＿＿＿＿＿没有水＿＿＿＿ 水质如何？＿＿＿＿＿＿＿＿＿可饮用＿＿＿＿＿＿＿＿＿＿＿＿ 水清＿＿＿＿＿＿＿水浑浊＿＿＿＿＿＿＿污染水＿＿＿＿＿＿＿
功能	养殖鱼类等水产品＿＿＿＿＿＿＿＿＿＿＿＿＿＿＿＿＿＿ 污水排放＿＿＿＿＿＿＿＿＿＿＿＿＿＿＿＿＿＿＿＿＿＿＿ 生产、生活用水＿＿＿＿＿＿＿＿＿＿＿＿＿＿＿＿＿＿＿＿ 种养芦苇＿＿＿＿＿＿＿＿＿＿＿＿＿＿＿＿＿＿＿＿＿＿＿ 种养稻田＿＿＿＿＿＿＿＿＿＿＿＿＿＿＿＿＿＿＿＿＿＿＿ 输水河道＿＿＿＿＿＿＿＿＿＿＿＿＿＿＿＿＿＿＿＿＿＿＿ 旅游景观＿＿＿＿＿＿＿＿＿＿＿＿＿＿＿＿＿＿＿＿＿＿＿ 晒盐＿＿＿＿＿＿＿＿＿＿＿＿＿＿＿＿＿＿＿＿＿＿＿＿＿ 其他用途，描述：＿＿＿＿＿＿＿＿＿＿＿＿＿＿＿＿＿＿＿
人类活动	湿地内有人类活动吗：＿＿＿＿＿＿＿有多少人：＿＿＿＿＿＿＿＿ 他们在做什么：＿＿＿＿＿＿＿＿＿＿＿＿＿＿＿＿＿＿＿＿＿ 对湿地有破坏吗：＿＿＿＿＿＿＿＿如何破坏：＿＿＿＿＿＿＿
威胁	湿地缺水＿＿＿＿＿＿＿＿＿＿＿环境污染＿＿＿＿＿＿＿＿＿＿ 使用农药＿＿＿＿＿＿＿＿＿＿＿其他：＿＿＿＿＿＿＿＿＿＿
保护建议	如何保护湿地，谈一谈你的建议
湿地照片	用手机或相机，拍一下湿地的照片，放在此表格中

04 湿地守护者

——山东黄河三角洲国家级自然保护区

什么是自然保护区？
为什么划分不同功能区？

　　自然保护区是指对有代表性的自然生态系统、珍稀濒危野生动植物物种的天然集中分布地、有特殊意义的自然遗迹等保护对象所在的陆地、陆地水域或海域，依法划出一定面积予以特殊保护和管理的区域。

　　自然保护区根据资源特点、保护对象、管理要求等因素，划分了核心区、缓冲区、实验区3个功能区，3个区在保护管理时要求各不相同。

实验区	· 缓冲区外围划为实验区，可以进入从事科学实验、教学实习、参观考察、旅游以及驯化、繁殖珍稀、濒危野生动植物等活动。
缓冲区	· 核心区外围可以划定一定面积的缓冲区，只准进入从事科学研究观测活动。
核心区	· 保存完好的天然状态的生态系统以及珍稀、濒危动植物的集中分布地。除依据规定从事科学研究活动外，禁止任何单位和个人进入。

一 了解自然保护区

　　山东黄河三角洲国家级自然保护区位于山东省东营市东北部黄河入海口处，建立于1990年12月，1992年10月经国务院批准晋升为国家级自然保护区。它包括南北两部分，南部分位于现行黄河入海口处，北部分位于黄河故道入海口处，总面积15.3万公顷，其中核心区5.94万公顷，缓冲区1.12万公顷，实验区8.24万公顷，以保护黄河口新生湿地生态系统和珍稀濒危鸟类为主体，属湿地类型自然保护区，是中国暖温带保存最完整、最广阔、最年轻的湿地，东北亚内陆和环西太平洋地区重要的鸟类迁徙中转站、越冬地和繁殖地。

二 湿地的保护者

　　为了维护湿地的健康，发挥湿地功能，自然保护区开展了大量保护工作。

　　●对退化湿地实施生态恢复，恢复湿地的结构和功能

　　水是湿地的血液。当水量不足时，湿地也会"生病"，发生退化现象。自2002年以来，自然保护区通过湿地补水、筑堤修坝、引蓄淡水等措施先后投资1.8亿元对退化的湿地开展湿地恢复，恢复面积达2.3万公顷。通过这一系列工程措施，淡水湿地面积明显增大，湿地结构和功能得到较好恢复，促进了湿地的健康发展，生物多样性不断丰富，鸟类的种类和数量明显增多。

>> 湿地恢复前后效果对比

● 实施退耕还湿、退林还湿，还原湿地原貌

>> 退耕还湿后恢复了湿地生态原貌

受历史因素影响，许多湿地被开垦成耕地、林地。随着人们对湿地价值的认识不断提升，逐渐把耕地、林地恢复了它的本来面貌，约95公顷的耕地和林地重新恢复为湿地。

● 开展环境综合治理，建设美丽湿地

>> 环境综合治理后湿地重新焕发风采

自然保护区内原来存在许多生产、生活设施，影响了湿地景观、破坏了湿地功能。自然保护区通过环境综合治理，清除了废旧设施、废弃道路、生产生活垃圾，让湿地重新焕发风采。

三 鸟类的守护者

搭建人工巢架

人工巢架内的雏鸟

东方白鹳正在利用巢架

东方白鹳利用巢架繁殖成功

>> 人工架设巢架，为东方白鹳繁殖提供巢址

不同的鸟类生活的环境不同，对环境的需要也不同。自然保护区从鸟类的需要出发，开展了大量的鸟类保护工作。

● 东方白鹳繁殖筑巢招引

2007年，自然保护区的工作人员搭建人工鸟巢21个，随后逐渐

增加鸟巢，吸引东方白鹳繁殖，其繁殖数量逐年增加。目前，繁殖种群超过100对，成为中国东方白鹳最大的自然繁殖地。

●保护黑嘴鸥繁殖地

黑嘴鸥喜欢在潮间带繁殖，但在孵化期时潮水经常淹没繁殖地，导致雏鸟淹死、巢卵破坏。通过控制水位、筑堤防水等措施，已建设了3万亩黑嘴鸥繁殖保护区域，黑嘴鸥繁育期的安全得到有效保障。现在有8 000多只黑嘴鸥在此产卵、孵化。

>> 黑嘴欧卵及雏鸟

●为鸟类提供食物

冬季鸟类觅食困难，食物不充足使得它们面临饿死的威胁。自然保护区通过食物补给的方式，利用黄河两岸上万亩冬小麦或通过投食的方式为它们提供食物，帮助它们度过冬季觅食困难期。

>> 越冬鸟类

●建设鸟类栖息岛

不同的水禽对水深有不同的生态需求，根据水禽的生态

>> 鸟类栖息岛建设示意图

需求，自然保护区建设鸟类栖息岛18万平方米，为鸟类多样性提供充足的空间环境，满足了鸟类繁殖、停歇等不同需要，丰富了鸟类的多样性。

● 实施封闭管理

对鸟类集中分布区实施封闭式管理，禁止一切人为活动，避免鸟类的生活环境受到干扰，为鸟类栖息繁殖创造安全的环境。

>> 在鸟类封闭区停歇的白琵鹭

四　湿地的研究者

国家十一五科技支撑计划课题（课题编号2006BAC01A13-04）
黄河三角洲生态系统综合整治技术与模式
淡水水源恢复退化湿地研究基地

山东黄河三角洲国家级自然保护区管理局
北京师范大学
山东大学
山东省林业科学研究院

>> 湿地的研究者

中国科学院、北京林业大学、北京师范大学等高校、研究机构在此开展了大量科学研究，建立了野外监测和科研与教学基地；与湿地国际、国际鸟盟、世界鹤类基金会等国际环保组织建立广泛联系，共同开展项目合作；承担并开展了国家科技部、国家973课题等重大项目，获国家科技进步奖、省科技进步奖等6项，发表学术论文、专著90余篇。

五　湿地的宣传者

建成了黄河口湿地博物馆、黄河三角洲鸟类博物馆等场所，定期组织青少年教学实习、爱鸟宣传、湿地体验、科普宣传等活动；制作了《探索·发现——黄河入海流》《走进黄河口》《湿地天堂、大河息壤》等专题片在中央电视台等媒体播出，让社会了解自然保护区，共同保护湿地、爱护鸟类。

>> 开展科普教育活动   >> 《湿地天堂、大河息壤》专题片

六　获得的荣誉

　　自然保护区建立以来，在保护新生湿地生态系统和珍稀濒危鸟类等方面发挥了重要作用，受到国际、国内社会的高度重视和广泛赞誉。加入"中国人与生物圈保护区网络""东亚—澳洲涉禽保护区网络""东北亚鹤类保护区网络"，被授予全国保护母亲河行动生态教育基地、国家环保科普基地、国家生态文明教育基地、全国中小学环境教育社会实践基地。被评为全国自然保护区先进集体、全国保护森林和野生动植物资源先进集体等荣誉称号；2005年、2011年两次荣膺"中国最美湿地"；2013年被国际湿地公约秘书处批准列入"国际重要湿地名录"。

>> 获得的荣誉

实践活动

　　到自然保护区开展一次研学活动，并与家人或同学分享。要求：①将你认为最美丽的地方拍照留念；②将喜欢的动物或植物通过绘画方式记录下来；③写一写你的游览感受。

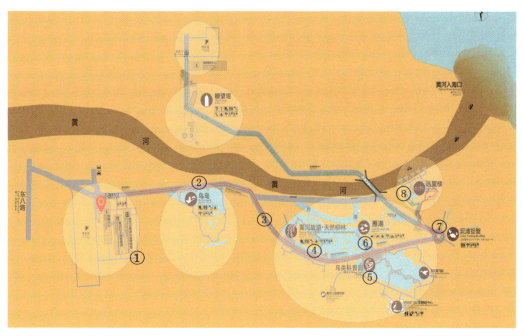

>> 自然保护区研学路线图

编号	地　　点	简　要　说　明
1	黄河三角洲鸟类博物馆	中国最大的鸟类博物馆，有丰富的鸟类知识
2	鸟岛	可近距离观察野生鸟类
3	东方白鹳观赏区	沿路两侧有大量东方白鹳繁殖
4	黄河故道—天然柳林	1996年黄河改道处，可欣赏湿地天然柳林灌丛
5	鸟类科普园	有丹顶鹤、大天鹅等珍稀鸟类，是鸟类救护所
6	雁湖	乘船穿越芦苇荡，近距离体验湿地风光
7	泥滩捉蟹	滨海湿地滩间带风光
8	远望楼	登高望远可一览新生湿地风光 乘船而下可至黄河入海口，体验河海交汇美景

05 湿地植物丰富多彩

东营湿地植物丰富多样，可分为以下几大类：

一　中生植物

中生植物是种类最多、分布最广、数量最大的植物类群。中生植物不能忍受严重干旱或长期水涝，只能在水分条件适中的环境中生存，陆地上大部分植物皆属此类。东营湿地中常见的中生（木本）植物有杞柳、柽柳等。

>> 杞柳由于经常水淹，没有明显主干，多为丛生　　>> 柽柳是耐盐碱的植物，在东营广泛分布

二　湿生植物

　　生长在很湿润的空气或土壤环境的植物。它们耐旱能力弱，绝大多数是草本植物。叶面积较大，组织柔嫩，消耗水分较多，而根系入土壤不深，吸水能力不强。东营湿地中常见的湿生植物有千屈菜、盐地碱蓬等。

>> 千屈菜花色漂亮、在人工湿地中常见　　>> 盐地碱蓬在潮间带形成美丽的红地毯景观

三　水生植物

　　依附于水环境、至少部分生长周期发生在水中或水表面的植物类群。根据植物的根、茎、叶距离水面的位置，可分为挺水植物、浮水植物、沉水植物、浮游植物。

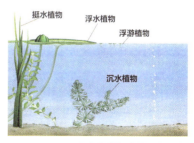

挺水植物　浮水植物
浮游植物
沉水植物

>> 水生植物在水域中的分布

挺水植物：植物的根、茎生长在水的底泥之中，茎、叶挺出水面的植物。东营湿地常见的如香蒲、荷花、芦苇、荻等。

>> 挺水植物——香蒲

浮水植物：指漂浮在水面上的植物，东营湿地常见的如凤眼莲、睡莲、眼子菜等（图为眼子菜，生于静水池沼中，为常见的稻田杂草）。

>> 浮水植物——眼子菜

浮游植物：指在水中营浮游生活的微小植物，通常指浮游藻类。东营湿地常见的有蓝藻、硅藻等（浮游植物数量疯长是水体富营养化的一个重要标志）。

沉水植物：整个植株都生活在水中，只在花期将花及少部分茎叶伸出水面的水生植物。东营湿地常见的有金鱼藻、苦草等（图为金鱼藻，生长水中，可做猪、鱼及家禽饲料）。

>> 浮游植物

四 湿地植物的功能

湿地植物是湿地的重要组成部分，湿地的许多功能是通过湿地植物体现的。

>> 沉水植物——金鱼藻

>> 湿地功能图示

美化景观

生物栖息

物资供给

净化水体

湿地植物功能

文教娱乐

功　能	功　能　作　用
净化水体	植物进行光合作用，吸收环境中的二氧化碳，放出氧气；吸收、降解水体中的有害物质
生物栖息	水生植物种类繁多，为许多动物觅食、休息、繁殖提供场所，是动物的栖息地
美化景观	水生植物以其独特的姿态、优美的线条和丰富的种类，点缀着不同的水面和驳岸水环境，创造了美丽的景观
物质供给	水生产品在人们的生活中有重要作用，可以食用、制药、造纸等
文教娱乐	湿地植物造就了良好的生态环境和美丽的景观，是我们娱乐、休闲、观光的好去处

实践活动

（1）**学会认别植物**。下载"形色""花伴侣"等App软件到手机，或利用微信小程序"识花君"，拍照后手机会自动识别植物并给出介绍。通过此方法，初步学习识别植物。

>> 植物识别常用App

（2）**湿地植物调查**。到就近的湿地开展湿地植物调查，并记录下表。

生活环境	＿＿＿干旱的陆地　＿＿＿有水的陆地　＿＿＿水面　＿＿＿水中　＿＿＿水底
植物类型	根据生活环境，你确定它属：□ 中生植物 □ 湿生植物 □ 水生植物 说一说原因：＿＿＿＿＿＿＿＿＿＿＿＿＿＿＿＿＿＿＿＿＿＿＿＿＿＿ 如果是水生植物，可进一步区植物类型： □ 挺水植物，原因是：＿＿＿＿＿＿＿＿＿＿＿＿＿＿＿＿＿＿＿ □ 浮水植物，原因是：＿＿＿＿＿＿＿＿＿＿＿＿＿＿＿＿＿＿＿ □ 浮游植物，原因是：＿＿＿＿＿＿＿＿＿＿＿＿＿＿＿＿＿＿＿ □ 沉水植物，原因是：＿＿＿＿＿＿＿＿＿＿＿＿＿＿＿＿＿＿＿

环境照片	用相机或手机拍一张湿地环境照片
植物名称	拍植物照片，用软件识别出植物名称，把照片和对应的植物名记录在表中

（3）游戏：认识湿地植物。

活动目的：感受不同湿地植物的结构。

活动参与者：一年级以上学生。

时间：30分钟。

材料：眼罩、不同的植物、小博士奖章。

场地：没有遭破坏的湿地。

活动过程：

① 准备不同的湿地植物，要求这些植物形态上有明显的差异。

② 首先共同描述植物的形态差异，让参与者触摸这些植物。

③ 参与者认识了这些植物后，用眼罩蒙住他们的眼睛，让他们去尝试识别这些植物。

④ 能全部识别的参与者获"小博士"奖章。

06缤纷植物扮美东营

一 植物资源

小博士

乔木：主干明显、直立、且高达5米以上的木本植物。

灌木：主干不明显，常在基部发出多个支干的木本植物。

草本植物：指茎内的木质部不发达，支持力弱的植物。

东营市地处中纬度，位于暖温带，背陆面海，受欧亚大陆和太平洋的共同影响，属于暖温带半湿润大陆性季风气候区，冬寒夏热，四季分明。同时，受黄河冲积、海水侵袭等因素的影响，土壤含盐量高、地下水矿化度高、土层浅、土壤肥力低。受上述立地条件影响，乡土乔木树种不多，耐盐碱或适合湿地生长的灌木和草本植物较为丰富。

东营市共有野生植物740种，其中浮游植物4门116种，蕨类植物3科3属4种，裸子植物4科11属27种，被子植物98科286属593种。

二　乔木

东营本土乔木主要是柳树，包括垂柳、旱柳。

旱柳　*Salix matsudana*

杨柳目＞杨柳科＞柳属

常见的落叶乔木，高达18米，胸径达80厘米以上，树冠广圆形，树皮暗灰黑色，纵裂，枝直立或斜展，褐黄绿色，后变褐色。喜阳光耐寒冷、耐干旱，分布广泛，具有较高的观赏价值和经济价值。

垂柳　*Salix babylonica*

杨柳目＞杨柳科＞柳属

落叶乔木，高达12～18米，胸径可达1米，是平原水边常见树种。树皮灰黑色，不规则开裂；枝细，下垂，淡褐黄色，无毛。叶狭披针形或线状披针形，上面绿色，背面浅绿色，树形优美，为重要的景观绿化树种。

"一棵树"地名的由来

小故事

　　在东营市河口区仙河镇孤东油区，有一个地方叫"一棵树"。

　　为什么用"一棵树"作为地名呢？据油田工人介绍，这里当时是一片草原，没有其他高大的树木，油田工人在野外作业的时候没有其他标志物，这独一无二的一棵树就显得很突出，成为人们定位找路的指航标。久而久之，叫的人多了，这一带就被人们公认为"一棵树"了。

　　"一棵树"是旱柳，它的适应性非常强，可在干旱地或水湿地内生长。东营市盐碱化程度很高，又加上当地自然条件差，能生长的树木不多，只有旱柳等少数乔木能生长。现在，"一棵树"已被保护起来，在仙河镇孤东油区还能找到。

三　灌木

东营常见本土灌木有柽柳、杞柳、紫穗槐、罗布麻，其中柽柳主要有甘蒙柽柳、中国柽柳和多枝柽柳3种，常见的为甘蒙柽柳。

甘蒙柽柳 *Tamarix austromongolica*

侧膜胎座目＞柽柳科＞柽柳属

树干和老枝栗红色，枝直立，枝条坚韧，叶灰蓝绿色。春和夏秋均开花，花色粉红。根系发达，既耐干旱又耐水淹，耐盐碱能力强，生于盐碱荒地、沼泽湿地，在东营盐碱荒地、沼泽湿地随处可见，有"北方红树林"之称。

杞柳 *Salix integra*

杨柳目＞杨柳科＞柳属

杞柳高1～3米，树皮灰绿色，小枝淡黄色或淡红色，无毛，有光泽。叶近对生或对生，椭圆状长圆形。喜光照，喜肥水，耐浅积水，盐碱性能较差。

紫穗槐 *Amorpha fruticosa*

蔷薇目＞豆科＞紫穗槐属

紫穗槐高1～4米，枝褐色、被柔毛，叶互生，基部有线形托叶，穗状花序密被短柔毛，花有短梗，旗瓣心形，紫色，荚果下垂，微弯曲。多见于沟坡，具有较强的耐干旱、耐盐碱能力。

四 草本植物

　　东营本土草本植物较多，其中野大豆是国家二级保护植物。这些草本植物中有的是很好的药用植物如草麻黄、单叶蔓荆、车前、益母草、茵陈蒿、青蒿等；有的是极好的观赏植物和蜜源植物如盐地碱蓬、碱菀、砂引草等；有的是具有较高营养价值的蔬菜如苣荬菜、盐地碱蓬、地肤等；许多植物耐盐碱能力强，适应性广，为优良的生态绿化植物。

野大豆 *Glycine soja*

蔷薇目＞豆科＞大豆属

　　一年生，常缠绕其他植物生长。茎、枝纤细，叶片卵状，花小淡红紫色或白色。该种是大豆的野生近缘种，具有耐盐、多荚多粒、高蛋白、抗病虫等优异性状，具有极高的育种价值，为国家二级保护植物，在东营常见。

罗布麻 *Amorpha fruticosa*

捩花目＞夹竹桃科＞罗布麻属

　　最初在新疆罗布泊发现，故命名为罗布麻。高0.8～1.5米，枝条圆筒形，具乳汁，光滑无毛，紫红色或淡红色。花紫红色或粉红色。主要生长在盐碱荒地与河岸、沼泽湿地边坡上。既是优良的观花植物，也是重要的药用植物资源。

盐地碱蓬 *Suaeda salsa*

中央种子目＞藜科＞碱蓬属

遍布北方沿海各地，生于盐碱土、碱斑地、泥滩及泥滩附近路边草丛，是一种典型的盐碱指示植物，也是由陆地向海岸方向发展的先锋植物。土壤含盐量在0.3%～0.5%适宜生长，0.4%～1%时显绿色，1%～1.6%时显红色，1.6%～2%时则变枯黄，含盐量在2%以上时死亡。

>> 益母草

>> 青蒿

>> 地肤（扫帚菜）

>> 碱菀

五 从荒碱地到国家园林生态城市

>> 东营市东城区鸟瞰图

"春天白茫茫，夏天水汪汪，鸟无枝头栖，人无树乘凉。"这是东营建市时的真实写照。东营是退海而生的新淤地，土地盐碱化程度高，适合当地生存的树木非常少。据统计，20世纪90年代初森林覆盖率仅为2%。

在盐碱地上做绿化的难度非常大，要采取客土、阻断地下水、选用耐盐碱植物等综合措施才能保证绿化效果。经过多年的努力，东营的城市绿化覆盖率达到40.41%，已成为适宜人居住的园林城市，被评为"国家园林城市"。

东营市常见的绿化植物中乔木有白蜡、苦楝、悬铃木等；灌木有海棠、紫荆、迎春、木槿、榆叶梅等；草本植物有鸢尾、麦冬、彩叶草等。

>> 白蜡

>> 苦楝

>> 鸢尾

>> 彩叶草

>> 海棠

>> 迎春

实践活动

（1）**采集制作腊叶标本**。根据本课所学内容，到野外寻找东营本土植物，采集并制作成植物腊叶标本，在学校内进行展览。

制作方法：

① 草本植物要采集一株完整的植物，最好同时带有根、茎、叶、花、果实（种子）。挖出植物体后，小心清洗掉土壤，去除枯叶。木本植物要用枝剪剪下长有叶、花或果实的枝条。

② 将植物摊开在白纸上，盖上另一张纸。将标本小心移入20张左右的报纸中间，以木板或重物压在报纸上，帮助标本干燥及成型。

③ 在第1、第2、第3、第5、第7天更换报纸，以利标本干燥。

④ 标本干燥后，将其移至8开的卡纸上。在卡纸的右下方，注明植物名称、采集时间、采集地点。将卡纸连同标本一起压模（或者用保鲜膜、宽胶带等密封）。

（2）**小制作：树叶艺术**。

① 树叶拼贴画：将压平后的树叶在不同颜色的卡纸上粘贴成画，配合绘画工具，使色彩更加炫丽，画面更加丰富。

② 树叶印刷品：将树叶的一面涂上颜色，然后将涂上颜色的一面向下放到纸上，用手或擀面杖在纸上按压。

③ 叶脉书签：选择叶脉粗壮而密的树叶，在烧杯内将配好的10%的氢氧化钠溶液煮沸后放入洗净的叶子，再煮沸。用玻璃棒或镊子轻轻搅动，防止叶片重叠，使其受热均匀。煮沸5分钟后，待叶子变黑，捞取一片叶子，放入盛有清水的塑料盆中，用清水清洗干净。将叶片平铺在一块玻璃板上，用小试管刷或旧牙刷轻轻顺着叶脉的方向刷掉叶片两面已烂的叶肉，一边刷一边用小流量的自来水冲洗，直到只剩下叶脉。刷净的叶脉片放在玻璃板上晾干，在半干半湿时涂上所需的各种染料，然后夹在旧书或报纸中，吸干水分后取出，在叶柄上系上一根彩色丝绸带，便会得到一片叶脉清晰、色质艳丽、美观实用的叶脉书签。

07野生动物的家园

由于海陆交融，东营市湿地具有陆生性湿地和海洋性湿地的双重特性，湿地类型多，湿地面积广阔，食物资源富足，湿地野生动物资源丰富，尤其表现在鸟类和水生动物方面。东营市有野生动物达871种，其中两栖动物6种，爬行动物10种，哺乳动物25种，鸟类384种，水生动物446种。

一 两栖动物

幼体生活在水中，用鳃呼吸，成体可生活在陆地和水中，用肺呼吸。受气候、土壤盐碱、水体盐度的限制，东营市两栖动物种类较少，仅存在适应性强、分布广泛的种类。虽然两栖类种类少，但由于东营市湿地面积大，水体多，一般7～8月份的雨季，大多数两栖类快速繁殖，并且种群数量较大，成为许多湿地鸟类的重要食物。

花背蟾蜍 *Bufo raddei* Strauch

无尾目＞蟾蜍科＞蟾蜍属

体长6～7厘米，背面橄榄黄色或浅绿色，皮肤粗糙，有深褐色或酱黑色花斑，腹面乳白色。白天栖于洞内，黄昏外出觅食。冬季集群在沙上中冬眠。

黑斑侧褶蛙　　*Pelophylax nigromaculata*

无尾目＞蟾蜍科＞蟾蜍属

体长6～7厘米，背侧褶明显，体色变异大，多为蓝绿、黄绿、灰褐等色，四肢有横斑，股后侧有云斑。广泛分布于水田、池塘、湖泊、沼泽、河流等几乎所有适宜水体。白天隐蔽，活动少；黄昏和夜间活动频繁，鸣叫。

中华蟾蜍　　*Bufo gargarizans*

无尾目＞蟾蜍科＞蟾蜍属

体长9～10厘米。背部布满大小不等的圆形瘰粒，仅头部平滑，腹部布满疣粒。雄性背面黑绿色或褐绿色，雌性背面色浅，呈土褐色。生活在几乎所有稳定的较小或季节性短时间水体及其周围环境中，可较长时间离开水生存。

（二）　爬行动物

心脏有两心房一心室，心室有不完全隔膜，体温不恒定，是真正适应陆栖生活的变温脊椎动物。由于爬行类动物进化较两栖类更为高级，大多数生活周期已经基本能够脱离开水的制约，所以其适应性明显较两栖类增强，种类上比两栖类丰富。东营市常见的爬行动物有10种，分别为龟类3种、壁虎2种、蛇类5种。

中华鳖　　*Pelodiscus sinensis*

龟鳖目＞龟科＞中华鳖属

头前端瘦削，背盘卵圆形，被覆柔软的皮

肤，颈基部青灰色、黄橄榄色，腹乳白色或灰白色，有灰黑色斑块。生活在江河、湖泊、池塘等水流平缓，鱼虾等食物丰富的淡水水域，在东营市淡水湿地分布广泛。

虎斑颈槽蛇 *Rhabdophis tigrinus*

有鳞目＞蛇亚目＞游蛇科＞颈槽蛇属

中型蛇类，背面绿、翠绿或草绿色，颈背中央有明显的浅槽，体背前段有黑红相间的大斑块，主要生活于平原水域附近，行动迅速，食物以蛙、鱼、鼠类、昆虫等为食。

无蹼壁虎 *Gekko swinhonis*

蜥蜴目＞壁虎亚目＞壁虎科＞壁虎属

身体扁平，耳孔小，舌长，四肢背面被颗粒状小鳞，背面一般呈灰棕色，身体腹面淡肉色。夜行性，善于攀爬，遇敌时能断尾自救，主要以小型昆虫为食。

三 哺乳动物

多数恒温胎生，能通过乳汁来哺乳幼体。受自然地理条件限制，东营市哺乳动物有25种。陆地哺乳动物以中、小型兽类为主，常见的刺猬、黄鼬、野兔、老鼠等。海洋哺乳动物有5种，有江豚、斑海豹、伪虎鲸等。

刺猬 *Erinaceus amurensis*

猬形目＞猬科＞猬属

体肥矮、爪锐利、眼小、毛短，浑身

布满短而密的刺，嘴尖而长，尾短。刺猬在夜间活动，以昆虫和蠕虫为主要食物，捕食大量有害昆虫，对人类来说是益兽，有时也吃幼鸟、鸟蛋、蛙、蜥蜴等，偶尔也吃农作物。受惊时，全身棘刺竖立，卷成刺球。

黄鼬　*Mustela sibirica*

食肉目＞鼬科＞鼬属

俗名黄鼠狼，体长28～40厘米，周身棕黄或橙黄，有长尾巴、短耳朵、脸部具黑斑。夜行性，白天偶尔活动，主要以鼠类、野兔为食，偶尔吃其他小型哺乳动物。在遇到威胁时，可以排出臭气，起到麻痹敌人的作用。

野兔　*Lepus capensis*

兔形目＞兔科＞兔属

体长约20厘米，身体背面为黄褐色至赤褐色，腹面白色，耳尖暗褐色。栖息于农田、草甸、田野、树林等地带，主要夜间活动，听觉、视觉都很发达。以农作物、蔬菜、杂草、树叶等为食，对农作物及苗木有危害。

江豚　*Neophocaena*

鲸目＞鼠海豚科＞江豚属

头部较短，近似圆形，额部稍微向前凸出，全身为蓝灰色或瓦灰色，腹部颜色浅亮，唇部和喉部为黄灰色，腹部有一些形状不规则的灰色斑。生活于靠近海岸线

的浅水区。由于栖息地的丧失，生存的水质环境被污染和破坏，已被列入《世界自然保护联盟》（IUCN）2017年濒危物种红色名录。

斑海豹　*Phoca largha*

食肉目＞鳍足亚目＞海豹科＞海豹属

唯一一种在中国繁殖的海洋鳍足目哺乳动物，以鱼类为主食，平均寿命30～35年，身体肥壮而浑圆，呈纺锤形，体长1.2～2米，体重约100千克，全身生有细密的短毛，腹面乳白色，背部灰黑色并布有不规则的棕灰色或棕黑色的斑点。每年春、冬季节洄游到中国渤海、黄海一带。

四　水生动物

东营市湿地内有丰富的淡、咸水资源，大面积的沿海滩涂、沼泽地、河漫地，四季分明，光照充足，雨热同期，近海海域有机质丰富，饵料种类数量繁多，为鱼虾贝类生长和繁殖提供了良好的生态环境条件。其中闻名遐迩的中国对虾、黄河口大闸蟹、黄河口文蛤就是这里的名优水产品种。东营市海洋生物共418种，海洋渔业资源种类约130种，其中重要的经济鱼类和无脊椎动物50余种，浅海滩涂贝类约近40种，有较高经济价值的贝类10种，如四角蛤蜊、毛蛤等。淡水鱼类28种，如草鱼、鲤鱼、刀鲚等。

中国花鲈　*Lateolabrax maculatus*

鲈形目＞鮨科＞花鲈属

体延长而侧扁，眼间隔微凹，体被细小栉鳞，体背侧为青灰色，腹侧为灰白色，体侧及背鳍鳍棘部散布着黑色斑点。喜生活于近海或咸淡水中。

中国对虾 *Fenneropenaeus chinensis*

十足目＞对虾科＞对虾属

暖水性洄游虾类,全身由20节组成，除尾节外，各节均有附肢一对。有5对步足，前3对呈钳状，后2对呈爪状。肉质洁白细嫩,味道鲜美适口,是中国著名的海产珍品。

三疣梭子蟹 *Portunus trituberculatus*

十足目＞梭子蟹科＞梭子蟹属

头胸甲呈梭形，稍隆起，表面具分散的颗粒，在鳃区的较粗而集中，此外又有横行的颗粒隆线3条，疣状突起共3个，胃区1个，心区2个，是中国沿海地区重要经济蟹类。

中华绒螯蟹 *Eriocheir sinensis*

十足目＞弓蟹科＞绒螯蟹属

又称毛蟹、大闸蟹。其螯足掌部内外缘密生绒毛而得名，栖于淡水湖泊河流，到秋季洄游到近海繁殖。黄河口大闸蟹是久负盛名的美食。

四角蛤蜊 *Mactra veneriformis*

帘蛤目＞马珂蛤科＞马珂蛤属

俗称白蛤，贝壳坚厚，略成四角形，壳顶突出。我国沿海分布极广，产量大，以辽宁、山东为最多，是东营市产量最大的经济贝类。

毛蚶　*Scapharca subcrenata*

蚶目＞蚶科＞毛蚶属

俗称毛蛤。壳质坚厚，长卵圆形，通常两壳大小不等，右壳稍小，壳面白色，被有褐色绒毛状壳皮。生活在浅海低潮线下至水深十多米的泥沙底中，尤喜于淡水流出的河口附近。

刀鲚　*Coilia ectenes*

鲱形目＞鳀科＞鲚属

又名黄河刀鱼，休极扁薄，向后渐细尖呈镰刀状，无侧线，胸鳍前6根鳍条游离呈丝状，臀鳍基部极长，与尾鳍基相连。为洄游性鱼类，春、夏季由海进入黄河进行生殖洄游。由于环境污染等因素影响，资源量迅速下降，现数量已极为稀少。

东营市重点保护动物

保护级别	类别	动物名称
国家一级保护 （14种）	鸟类（12种）	丹顶鹤、白头鹤、东方白鹳、金雕、大鸨、中华秋沙鸭、玉带海雕、白尾海雕、白肩雕、白鹤、黑鹳、遗鸥
	鱼类（2种）	白鲟、达氏鲟
国家二级保护 （58种）	鸟类（51种）	疣鼻天鹅、大天鹅、小天鹅、白额雁、鸳鸯、赤颈䴙䴘、海鸬鹚、卷羽鹈鹕、灰鹤、白枕鹤、沙丘鹤、蓑羽鹤、小杓鹬、小青脚鹬、白琵鹭、黑脸琵鹭、草鸮、长耳鸮、短耳鸮、鹰鸮、东方角鸮、领角鸮、纵纹腹小鸮、雕鸮、鹗、凤头蜂鹰、黑翅鸢、黑耳鸢、秃鹫、短趾雕、白尾鹞、鹊鹞、白腹鹞、赤腹鹰、日本松雀鹰、松雀鹰、雀鹰、苍鹰、灰脸鵟鹰、普通鵟、大鵟、毛脚鵟、乌雕、草原雕、黄爪隼、红隼、红脚隼、灰背隼、燕隼、游隼、猎隼

（续）

保护级别	类别	动物名称
国家二级保护（58种）	鱼类（1种）	松江鲈
	爬行（1种）	棱皮龟
	兽类（5种）	海豹、小须鲸、江豚、宽吻江豚、伪虎鲸

实践活动

（1）**小调查**。调查周边的水产市场，统计有多少种鱼类?

（2）**寻找动物踪迹**。选择野生动物可能出现的地点，如植物园、湿地公园等，分组寻找动物踪迹，以照片或实物的形式保存踪迹，并借助书籍和图册来识别这些动物。

可能发现的动物踪迹：

□动物的足迹

□鸟类的羽毛

□动物啃过的树皮

□动物骨骼

□被虫蛀过的木材

□废弃的蜂窝

□被鸟啄过的水果

······

和同学一起分享：你是如何发现这些踪迹的? 根据这些踪迹，你判定它是什么动物?

08鸟类的乐园

>> 湿地中的豆雁

鸟类是脊椎动物的一类，温血卵生，用肺呼吸，几乎全身有羽毛，后肢能行走，前肢变为翅，大多数能飞。

东营市目前有鸟类384种，数量600万只，其中国家一级保护12种，二级保护51种，鸟类种类多、数量大，这得益于东营独特的地理位置、优越的生态环境和严格的保护措施。

一　鸟类的类群

根据生活环境的不同，可将鸟类分为水鸟（水禽）和林鸟（鸣禽）两大类群。其中，水鸟是依赖于湿地的鸟类，林鸟是依赖于森林、草地等环境的鸟类。

进一步细分，可分为游禽、涉禽、攀禽、猛禽、陆禽、鸣禽六大生态群。不同的生态群，鸟类的行为、生活环境、形态各不相同。

生态类群：游禽

行为特征：会游泳

生活环境：喜欢宽阔水域，如水库、河流、湖泊

形态特征：趾间有蹼，善于游泳

代表鸟类：灰雁、大天鹅等

>> 灰雁

生态类群：涉禽

行为特征：可在水中行走

生活环境：喜欢浅水水域，如沼泽、池塘

形态特征：嘴长、颈长、脚长

代表鸟类：草鹭、丹顶鹤、东方白鹳

>> 苍鹭

生态类群：攀禽

行为特征：会攀缘爬树

生活环境：喜欢树林，很少到地面活动

形态特征：嘴粗而尖，脚趾的两爪向前、两爪向后，适于攀缘爬树

代表鸟类：啄木鸟

>> 灰头绿啄木鸟

生态类群：猛禽

行为特征：非常凶猛的肉食性鸟类

生活环境：生活在多种环境中、捕食其他动物，肉食性

形态特征：一般嘴尖利、爪子锋利、体大凶猛

代表鸟类：分为两类、夜行性的、如猫头鹰；日行性的、如鹰

>> 长耳鸮(xiāo)

生态类群：陆禽

行为特征：喜欢在地面活动、觅食，不善于飞行

生活环境：草地、农田、树林

形态特征：体型似家鸡、嘴短圆、翼短、脚粗健

代表鸟类：鹌鹑

>> 鹌鹑(an chun)

生态类群：鸣禽

行为特征：善于鸣叫

生活环境：身边常见鸟类、生活区、居民区、公园、森林等

形态特征：嘴短而粗、多呈锥状

代表鸟类：喜鹊、麻雀

>> 白头鹎（bei)

水鸟是东营市鸟类的主体，主要是游禽、涉禽等，共有171种，常见的水鸟类有以下几种类群。

雁鸭类：生活在河流、沼泽、池塘等多种有水的环境，以水生植物、动物为食。趾间具蹼而善游泳，嘴形宽扁，脚短，翼宽而尾短。

>> 雁鸭类

鸥类：海洋性鸟类，以鱼类及动物尸体为食。体型肥胖，嘴形粗直，翅宽长而尾短，尾不分叉。

>> 鸥类

燕鸥类：于沿海或内陆水域，以鱼类等为食。嘴长而细，体型纤细，翅狭长，尾形长而凹形或分叉。不同于鸥类，许多燕鸥会沿水域来到内陆。

>> 燕鸥类

鸊鷉（pì tī）类：栖于池塘、河流、沼泽、水库等多种水域，潜于水中觅食鱼类、水生动物，体型粗短肥胖，嘴直而尖，翅短而尖，尾羽几乎无羽。遇危险时常潜水逃逸。

>> 鸊鷉类

鸬鹚类：栖于池塘、河流、沼泽、水库等多种水域，嘴形长，尖端呈钩状，颈及身体细长，尾羽长而坚硬，脚短，趾间具全蹼。游泳时身体沉浮水中或潜入水中捕食。

>> 鸬鹚类

>> 鹤类

>> 秧鸡类

>> 鹬类

>> 鸻类

>> 鹭类

>> 鹳类

鹤类：栖息于芦苇沼泽、近海滩涂等浅水湿地，以植物根茎、草籽、昆虫、鱼类及软体动物为食。体型大，颈、嘴及脚长，嘴粗长而直。

秧鸡类：栖于沼泽、池塘等生境，以软体动物、植物根茎等为食，受惊时或潜水或在水面急速逃逸。头小而圆，颈粗，尾短，尾常上翘，趾特长。

鹬类：栖于近海滩涂、河滩等浅水环境，以蠕虫、虾、蟹等生物为食。有嘴长、颈长、脚长三长特点，常成群活动。

鸻（héng）类：生活于沿海滩涂、沼泽等浅水湿地，食泥中软体动物及底栖生物。体型中、小，头和眼较大，颈粗短，嘴黑色，较短、粗，一般不及头长。

鹭类：栖于多种浅水地带，以鱼、虾、昆虫等为食。体型以嘴长、颈长、脚长为特征，飞翔时缩脖呈S形，多营巢于树上及芦苇沼泽等环境。

鹳类：生活于芦苇沼泽、近海滩涂等浅水湿地环境，以鱼类、虾、青蛙、蛇及小型啮齿类动物为食。体型大，嘴长而粗壮，两翼宽，尾短，飞翔时颈前伸。

东营有许多珍稀、濒危鸟类，它们是我们的明星物种。

二 鹤的家园

世界上有15种鹤，亚洲和中国有9种鹤。黄河口有7种，是世界上鹤类最为丰富的地区。

世界上有15种鹤，亚洲和中国有9种鹤，东营有7种，是世界上鹤类最为丰富的地区

丹顶鹤　　　　灰鹤　　　　白鹤　　白枕鹤　白头鹤

——————— 迁徙停歇+越冬 ——————— 迁徙停歇 ———————

沙丘鹤　　　　　蓑羽鹤

东营有7种鹤类，
是世界上鹤类最为丰富的地区

——————— 偶见旅鸟或迷鸟 ———————

三 东方白鹳之乡

　　东方白鹳是全球濒危物种、中国一级保护鸟类。东营是中国东方白鹳最大的繁殖地，繁殖种群超过100对，在保护东方白鹳方面做出重大贡献。2010年，中国野生动物保护协会授予东营市"中国东方白鹳之乡"的称号。

中国东方白鹳之乡

筑巢　　　　　　　　　　交配　　　　　　　　产卵　孵化

幼鸟出壳　　　　　　　　　　　　　　　　离巢

四 黑嘴鸥之乡

　　黑嘴鸥是世界易危物种，全球种群数量约14 400只，东营繁殖种群8 000只，是中国重要的繁殖地。2016年，中国野生动物保护协会授予东营市为"中国黑嘴鸥之乡"的称号。

黑嘴鸥

五 "鸟类的国际机场"

黄河口不同季节有不同的鸟类，这是由鸟类的迁徙现象造成的。经科学家研究，世界上候鸟共有9条迁徙路线，这些路线分别是东大西洋迁徙线、西亚—东非迁徙线、黑海—地中海迁徙线、中亚迁徙线、东亚—澳大利亚迁徙线、环太平洋迁徙线、太平洋—美洲迁徙线、中美迁徙线和大西洋—美洲迁徙线。黄河口横跨东亚—澳大利西亚和环西太平洋2条迁徙路线，是候鸟的重要迁徙中转站、越冬地和繁殖地，在保护鸟类中有重要地位，被称为"鸟类的国际机场"。

六 候鸟的迁徙路线

小博士

有的鸟类迁徙，有的鸟类不会迁徙。根据鸟类是否迁徙，我们把鸟类分成留鸟、候鸟等类型。在东营市鸟类中，冬候鸟48种，夏候鸟62种，留鸟46种，旅鸟211种，迷鸟17种。

鸟的迁徙

鸟的迁徙是指每年春季和秋季，有规律地、沿相对固定的路线、定时地在繁殖地区和越冬地区之间进行长距离的往返移居的行为现象。世界上已知鸟类超过9 700多种，其中4 000多种是候鸟。一般来讲，鸟类的迁徙路线是相对比较稳定。

留鸟（喜鹊）

留鸟：终年留居在当地，春秋不进行长距离迁徙的鸟类，如喜鹊等。

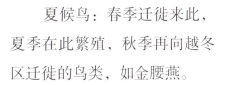

夏候鸟（金腰燕）

夏候鸟：春季迁徙来此，夏季在此繁殖，秋季再向越冬区迁徙的鸟类，如金腰燕。

冬候鸟：秋季迁徙来此，冬季在此越冬，春季向繁殖区迁徙的鸟类，如大天鹅。

旅鸟：春季、秋季迁徙时旅经此地，不停留或仅有短暂停留的鸟类，如豆雁。

迷鸟：偏离正常迁徙路线，偶尔迁飞到某地的鸟类，如火烈鸟。

冬候鸟（大天鹅）

旅鸟（豆雁）

迷鸟（火烈鸟）

小故事

白鹤"爱爱"在东营

　　"爱爱"是一只白鹤的昵称。2018年4月，在江西省鄱阳湖，这只白鹤因生病落单后，当地救护人员采取紧急措施把它救助，因得到众多关爱而获得"爱爱"的昵称。2018年5月8日，"爱爱"在特制木箱里，历经28小时、全程2 000千米飞机和汽车的接力旅行后，于"白鹤之乡"吉林省莫莫格成功归队，临飞前戴上编号S26脚环，并佩戴卫星跟踪器。此事引发全国媒体关注。

　　可是，"爱爱"放飞20余天后卫星跟踪信息消失、踪迹全无。中国鹤类联保会、国际鹤类基金会等保护组织及与白鹤途经的15个省份鸟类保护人员联系，均无所获。"爱爱"到底发生了什么事？让所有人担心起来。

　　2018年12月22日，东营鸟类保护者在野外观鸟时意外拍摄到一只白鹤，并把它发布到网络上。经鸟类专家、全国鸟类爱好者确认，此白鹤就是已经失踪的"爱爱"！这只环带S26标志和卫星跟踪器的"爱爱"失踪219天，跨越15个省后，终于现身黄河口。

>> 观鸟爱好者在东营拍到的白鹤"爱爱"

　　白鹤"爱爱"发现的消息引起社会的广泛关注，大家为这一发现欢欣鼓舞。江西日报社为此特发专辑，介绍了白鹤"爱爱"的故事。2019年1月7日，国际鹤类基金会创始人乔治·阿基博率领访问团到访江西省林业局，对救助白鹤"爱爱"的各界人士表示高度赞赏，并把白鹤"爱爱"背后的故事翻译成英文，推送到国际英语网站，让全球更多人士加入保护白鹤等候鸟的行列。

为什么给鸟带卫星跟踪器和环志标志？

卫星跟踪器可以确定鸟所在的位置，把鸟类的迁徙路线确认下来；环志标志是为了便于野外观察，也是一种了解鸟所在位置的方法。

小博士

仔细观察"爱爱"身上的卫星跟踪器和环志标志，通过卫星定位可以将发现迁徙时"爱爱"的迁徙路线很清晰地描绘出来，"爱爱"南下与北上的路线固定在：铁岭—锦州—秦皇岛—潍坊—合肥线，在潍坊以南至合肥向东的地区如南通、无锡、南京、苏州、杭州等城市"爱爱"也曾到过。

利用卫星跟踪器，可以确定白鹤的迁徙路线，为研究和保护白鹤提供科学依据。

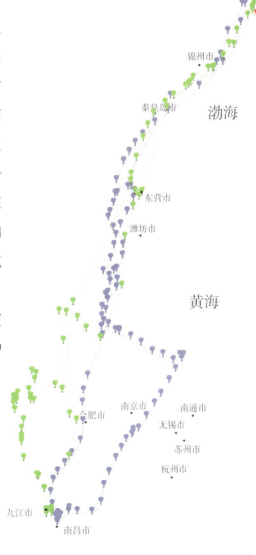

七　保护鸟类，我们共同的责任

黄河口是鸟类的家园，在东亚—澳大利亚水鸟迁徙路线上，来自不同的国家和地区的鸟类每年定期沿固定的迁徙路线来黄河口做客。在这条迁徙路线上，每年数以百万计的水鸟都要进行长距离惊人的飞行往返，从北极的繁殖地向南飞越东亚、东南亚，到达南半球的澳大利亚、新西兰并在此越冬。这条迁徙路线跨越了22个国家，经过了漫长的陆地、海洋，有250多种、5 000多万只候鸟，其中28种属全球濒危物种。

EAAFP

如同飞机长距离飞行需要加油一样，要完成每年数万千米的往返历程，候鸟需要充足的食物及足够的能量补充。黄河口同其他迁徙路线上的其他地点一样都非常重要，为候鸟迁徙提供食物和能量，保证候鸟完成生命历程。

斑尾塍鹬的迁徙就属于跨国界飞翔。每年3—4月，斑尾塍鹬开始从澳大利亚、新西兰的越冬地向北飞行；4—5月，斑尾塍鹬会选择在黄海沿海湿地落脚休息并进食；5—6月，斑尾塍鹬抵达它们的繁殖地——阿拉斯加；8月，斑尾塍鹬在阿拉斯加半岛的海滨集结，为返回南方存储脂肪，于冬季之前启程；10—11月，斑尾塍鹬到达澳大利亚和新西兰的越冬地。

当鸟类跨越国界飞翔，它们不再是某个地区、某个国家的财产，而是人类共同的财产，保护它们是我们共同的责任。现在，保护鸟类的责任落在我们手中！它们不仅是我们共同的财富，也是留给我们子孙后代的宝贵财产。

小博士

神奇的飞翔

2007年9月，一只斑尾塍鹬用了82天的时间，连续不停地飞了11 587千米，斜跨太平洋，从美国阿拉斯加直飞到了新西兰。每年斑尾塍鹬都要在越冬地和繁殖地间来回迁徙，每一个循环飞行距离至少3万千米，也就是说，在它们15～20年的生命当中，飞行的总距离远超过从地球飞到月球！

有些鸟类的迁徙只有几十千米或上百千米，如我们常见的家燕，它们在北方繁殖，越冬则在南方地区。在全球范围内来看，家燕的繁殖地集中在北美洲大部、非洲、阿拉伯半岛、印度半岛与中南半岛以北的亚欧大陆广大地区，而家燕的越冬地则分布在中南美洲广大地区、撒哈拉以南非洲、印度半岛、中南半岛及南部众多岛屿与澳大利亚大陆北部少量地区。

实践活动

（1）设计"爱鸟周"宣传活动。1981年，中国国务院批转了林业部等8个部门《关于加强鸟类保护执行中日候鸟保护协定的请示》报告，要求各省、市、自治区都要认真执行，并确定在每年的4月至5月初的某一个星期为"爱鸟周"，在此期间开展各种宣传教育活动。看一看，山东省"爱鸟周"是什么时间？为什么各地时间不同？你是否参加过"爱鸟周"的活动？设计一个爱鸟周宣传方案，组织爱鸟周活动。

省（市、区）	时间	省（市、区）	时间
北京	4月1—7日	广西	2月22—28日
天津	4月12—18日	云南	4月1—7日
河北	5月1—7日	四川	4月2—8日
上海	4月4—10日	陕西	4月11—17日
浙江	4月10—16日	青海	5月1—7日
福建	4月11—17日	新疆	5月3—8日
山东	4月23—29日	湖北	4月1—7日
山西	清明节后第一周	吉林	4月22—28日
广东	3月20—26日	江苏	4月20—26日
辽宁	4月22—28日	河南	4月21—27日
黑龙江	4月24—30日	内蒙古	5月1—7日
安徽	5月1—7日	贵州	3月1—7日
江西	4月1—7日	甘肃	4月24—30日
宁夏	4月1—7日	湖南	4月1—7日

（2）体验鸟类的迁徙游戏。

活动准备：

① 课堂上给学生讲解候鸟迁徙知识，启发迁徙可能遇到的不利因素和有利因素，并将这些因素记录下来，每个因素写一张字条。

② 整理好字条，不利因素如饥饿、生病、栖息地破坏、天敌追杀、被猎杀、遇恶劣天气等；有利因素如栖息地保护良好、食物充足、天气良好、人类积极保护鸟类等。

开始游戏：

① 选择场地空阔的操场，划若干条曲折的线条代表鸟类迁徙路线。在路线上划1处起点，1处终点，多处站点（代表鸟类迁徙停歇点）。起点和终点要一致，站点分处在不同的路线上。每个站点有一名同学，手持整理好的字条及若干粒糖。

② 其他同学以5人一组划分不同组，每组自选1种候鸟（如大雁、天鹅），自选不同路线迁徙。在游戏开始时，每组发若干粒糖（至少学生数量的3倍），代表候鸟开始迁徙时拥有的能量值。每到一处站点，每组同学抽取一个字条，如果抽到有利因素，加1个能量值（站点同学给1粒糖）；如果抽到不利因素，减少1个能量值（扣1粒糖给站点同学）。

③ 在游戏过程中，各小组随时统计糖果数量。当糖果数量少于同学数量，代表候鸟能量耗尽、不能完成迁徙或迁徙中途死掉，让小组退出活动。

④ 胜利到达终点后，统计能顺利完成迁的小组及成员，统计能完成迁徙的比例。

游戏讨论：

① 在迁徙途中遇到过什么情况？有什么有利因素，什么不利因素？

② 如何保护好候鸟？各自谈一谈自己的观点、建议。

能量值参考

不利因素	能量值	有利因素	能量值
饥饿	−1	栖息地保护良好	+1
生病	−2	食物充足	+1
栖息地破坏	−1	天气良好	+1
天敌追杀	−3	人类积极保护鸟类	+2
被猎杀	−3		
遇恶劣天气	−1		

09保护湿地，我们是行动者

　　东营是"湿地之城"，湿地在提供水资源、调节气候、涵养水源、降解污染方面发挥了重要作用，湿地还给我们带来丰富的动植物资源，具有巨大的生态效益、经济效益和社会效益。我们每个人都应尽己之力，保护湿地。

一　扎实学习，筑牢根基

>> "笔记大自然"专题培训

>> 现场指导学习观鸟识鸟

>> 交流经验相互切磋

>> 环境教育培训

二　广泛宣传，普及大众

>> 爱鸟护鸟宣传　　　　　　　　　　>> 湿地保护宣传

>> 保护东方白鹳宣讲　　　　　　　　>> 燕子调查及保护宣讲

三　点滴行动，成效显著

>> 用巢托给燕子一个安全的家　　　　>> 为市民张贴"爱燕之家"铭牌

>> 户外观鸟活动，守护湿地天使　　　>> 救护受损地鸟，重回自然怀抱

小故事

救护丹顶鹤

　　2018年12月9日下午，寒风刺骨，正在黄河三角洲国家级自然保护区黄河口管理站人工河的滩涂上拍摄鸟类的东营市民陈士远，突然发现远处有一片白色的东西，经过他仔细辨认，确定这是国家一级保护动物丹顶鹤。陈士远赶忙跑过去抱起连泥带水的丹顶鹤，把它送到黄河三角洲国家级自然保护区野生鸟类救助中心，经过中心工作人员两个半月的精心照顾，于2019年2月24日在保护区内放飞，丹顶鹤又回到了大自然的怀抱。在这片保护区中，每一只鸟都会受到东营人的爱护，它们又怎能不留恋这片土地呢？

　　这样爱鸟护鸟的故事，在东营还有很多很多……

>> 　陈士远正在救护丹顶鹤

四　争做湿地保护小卫士

　　湿地是我们共同的家园，保护湿地需要全社会共同参与，也是每位同学义不容辞的责任。只要能掌握丰富的湿地知识、积极宣传发动、热心参与实践、定期观测湿地变化，人人可以争做湿地保护的小卫士。

>> 　学习湿地知识

>>　注重实践体验

>>　开展社会宣传

>>　坚持观测活动

>>　参与保护行动

让我们积极行动起来，为保护湿地贡献一份力量！

实践活动

主题班队会活动

为了宣传生态环保理念，树立良好的生态道德观，世界上设立了许多环保纪念节日。参加相关的环保节日活动，让我们用学习到的知识，做科普宣传，号召大家一起行动。

结合某一个节日，并以此为主题开展活动。

以2月2日世界湿地日为例，活动组织如下：

活动主题：保护湿地，我们在行动

按下列选题分组准备：

① 了解黄河口湿地面临的危机；

② 了解保护湿地政府及社会采取了哪些措施；

③ 思考保护湿地我们能做些什么。

活动展示：

① 按主题通过演讲或表演节目的形式进行展示。

② 起草一份倡议书《保护湿地，我们要行动》，利用升国旗或集会时间向全校同学进行宣传。

时　　间	节　　日
2月 2日	世界湿地日
3月3日	世界野生动植物日
3月12日	中国植树节
3月21日	世界森林日
3月22日	世界水日
3月23日	世界气象日
4月1日	国际爱鸟日
4月22日	世界地球日
4月23—29日	山东省爱鸟周
5月22日	国际生物多样性日
6月 5日	世界环境日
6月 8日	世界海洋日
6月 25日	中国土地日
9月14日	世界清洁地球日
10月4日	世界动物日
世界候鸟日	5月的第二个星期六、10月的第二个星期六

10 东营湿地　走向世界

2018年8月，国际《湿地公约》组织开展了首批"国际湿地城市"的评选，来自全球7个国家的18个城市获得此称号，东营市是中国首批获得此项殊荣的城市。

>> "国际湿地城市"授牌仪式

一　什么是"国际湿地城市"？

>> 东营市被授予"国际湿地城市"证书

自古以来，城市与湿地就有着密切的关系。在古代，人们依水而居，逐渐发展成了不同大小、不同风格的历史文化名城。在近代，随着人类文明的不断发展，城市化进程日益加剧，越来越多的人涌入城市，人们享受着大自然的恩赐，却在片面追求城市效率的同时，忽略了湿地的生态功能与效益，大量的湿地被城市化进程蚕食，工业及生活污水使得城市湿地的水质不断下降。

在城市与湿地关系日益恶化的背景下，《湿地公约》第十二次缔约方大会通过了"关于国际湿地城市认证的决议"，以此鼓励湿地城市加强湿地管理，提高湿地保护意识，并在规划和决策中充分考虑到湿地保护，与湿地建立一种良性关系，推动城市可持续发展。

小博士

什么是《湿地公约》？

　　为保护全球湿地资源，1971年2月2日来自18个国家的代表在伊朗拉姆萨尔共同签署了《关于特别是作为水禽栖息地的国际重要湿地公约》（以下简称《湿地公约》，又称《拉姆萨尔公约》）。《湿地公约》确定的国际重要湿地，是在生态学、植物学、动物学、湖沼学或水文学方面具有独特的国际意义的湿地。《湿地公约》已经成为国际上重要的自然保护公约，受到各国政府的重视。截至2018年，共有170个国家的2 323块湿地被列入国际重要湿地名录，总面积2.49亿公顷。

二　怎样才能成为"国际湿地城市"？

　　国际湿地城市是按照《湿地公约》决议规定的程序和要求，由成员国政府提名，经《湿地公约》国际湿地城市认证独立咨询委员会批准、颁发"国际湿地城市"认证证书的城市。

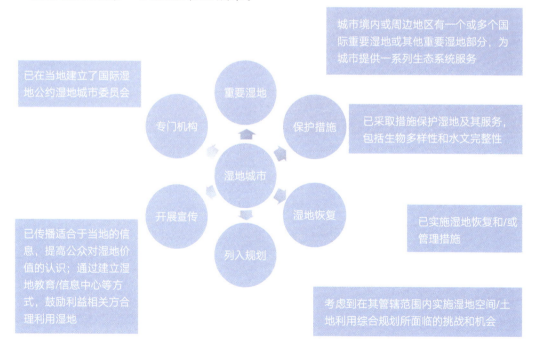

城市境内或周边地区有一个或多个国际重要湿地或其他重要湿地部分，为城市提供一系列生态系统服务

已在当地建立了国际湿地公约湿地城市委员会

专门机构

重要湿地

保护措施

已采取措施保护湿地及其服务，包括生物多样性和水文完整性

湿地城市

开展宣传

湿地恢复

已实施湿地恢复和/或管理措施

已传播适合于当地的信息，提高公众对湿地价值的认识；通过建立湿地教育/信息中心等方式，鼓励利益相关方合理利用湿地

列入规划

考虑到在其管辖范围内实施湿地空间/土地利用综合规划所面临的挑战和机会

三 国际湿地城市的认证程序

国家评审 缔约方确定湿地城市提名，并向独立咨询委员会提交提名。

独立委员会审查 独立委员会审查申请，决定是否授予该城市湿地城市称号，报告提交常务委员会。

常务委员会审查 常务委员会审查报告，并将报告提交至缔约方大会。

发放认证证书 秘书长向缔约方发放认证证书，包含湿地公约湿地城市的标志，标志有效期为六年。

四 东营市为什么能成为"国际湿地城市"

作为一座建立在湿地上的新兴城市，东营市有着得天独厚的湿地资源，湿地总面积45.81万公顷，约占山东省的四分之一。全市湿地率41.58%，湿地保护率51.29%。多年来，东营坚持生态立市，采取系列措施，保护湿地资源，取得了显著成效，此次荣膺"国际湿地城市"正是对东营湿地保护成效的充分肯定。

（1）重要湿地。东营市境内的山东黄河三角洲国家级自然保护区2013年已列入国际重要湿地，为全国湿地、水域生态系统16处国际重要保护地之一。

（2）保护措施。

① 构建湿地保护体系。建设国家级自然保护区1处，海洋特别保护区5处，国家城市湿地公园1处，国家湿地公园（试点）1处，省级湿地公园（试点）9处。

② 加强生物多样性保护。在自然保护区实施了东方白鹳繁殖招引、黑嘴鸥繁殖地改良、鸟类栖息地改造、鸟类补食区建设等项目，鸟类由建区时的265种增加到384种，其中国家一级由7种增加到12种，国家二级由34种增加到51种。黄河三角洲国家级自然保护区已成为中国东方白鹳最大繁殖地和全球第二大黑嘴鸥繁殖地。

③ 依法依规保护湿地。2010年10月以来，东营市先后出台了《关于加强湿地保护管理的意见》《东营市湿地保护管理办法》《山东黄河三角洲国家级自然保护区条例》《东营市湿地保护条例》等政策法规。同时，编制了《东营市湿地保护总体规划（2011—2020年）》和《东营市湿地保护修复总体规划（2018—2025年）》。

>> 东营市加强湿地保护，建设了多处湿地公园

（3）湿地恢复。2002年，借助黄河调水调沙水量充足的有利时机，自然保护区内开始实施湿地恢复工程，完成退化湿地恢复20万亩；2010年后，黄河故道刁口河流实施生态调水工程，自然保护区实施生态补水工程6万亩。加大生活污水集中处理，鼓励利用人工湿地、氧化塘等处理农村生活污水。全市建设人工净化湿地638.3公顷。

（4）列入规划。2016年3月，将湿地保护纳入《东营市国民经济和社会发展第十三个五年规划纲要》，到2020年，湿地保护面积达到330万亩，陆域自然湿地保护率达到70%；陆源入海直排口污染物排放达标率达到100%，陆源污染物入海总量减少15%，水质达标率不低于80%。

>> 湿地恢复前   >> 湿地恢复后

（5）开展宣传。

黄河口湿地博物馆　黄河三角洲鸟类博物馆　黄河三角洲湿地学校　东营湿地学校交流中心

　　（6）专门机构。2017年7月，成立了以东营市市政府主要负责人任组长的"东营市湿地保护协调领导小组"，解决湿地保护恢复出现的重大问题；同时，东营市机构编制委员会办公室批准成立了"东营市湿地保护管理中心"，具体负责全市湿地保护与管理工作。

五　东营市的认证历程

国内遴选
・2017年7月28日，山东省政府向国家林业局推荐东营市提名认证"国际湿地城市"。
・2017年9月下旬，国家林业局组织专家对国内申报城市进行集中评审，东营市通过了国家遴选，取得了国家提名资格。

国际评审
・2017年10月，中华人民共和国国际湿地履约办公室将有关资料提交国际湿地公约秘书处。
・2017年11月15日前，湿地公约秘书处将各城市申请资料转发国际湿地城市认证独立委员会。

通过认证
・2018年10月25日，在迪拜举行的国际《湿地公约》第十三届缔约方大会上，来自全球7个国家18个城市获得"国际湿地城市"称号，我国东营、常德、常熟、哈尔滨、海口、银川6个城市获得此项殊荣。

实践活动

模拟国际湿地城市评选。

（1）**分组**。国际湿地城市认证独立委员会组（1组，3人），参选城市组（18组，每组1～2人）。

（2）**准备**。以下为此次通过认证的18座城市，请通过查阅书籍、上网等方式搜集城市相关资料，为每座城市撰写竞选词；

（3）**评选**。每个参选城市组派一名同学来扮演该市市长，发表竞选词，国际湿地城市认证独立委员会组对该城市进行点评，公布评选结果。

序号	城市	国家	竞选词
1	莫斯塔达斯	巴西	
2	常德	中国	
3	常熟	中国	
4	东营	中国	
5	哈尔滨	中国	
6	海口	中国	
7	银川	中国	
8	亚眠	法国	
9	库特朗格	法国	
10	蓬托德梅尔	法国	
11	圣奥默尔	法国	
12	塔塔湖	匈牙利	
13	昌宁	韩国	
14	麟蹄	韩国	
15	济州	韩国	
16	松川	韩国	
17	米钦祖	马达加斯加	
18	科伦坡	斯里兰卡	

RESEACH PAPER

研学篇

美丽家乡——黄河口

11野外观鸟

一 什么是观鸟?

　　观鸟是指用望远镜等设备，在不干扰鸟类正常生活状况的前提下，对野生鸟类进行观赏的环境认知休闲活动。

>> 飞翔的东方白鹳

　　置身于大自然的怀抱，欣赏鸟类优美的形态、艳丽多彩的羽毛、优雅的翔姿，能使人忘记城市的嘈杂，身心处于轻松愉悦的状态。在观鸟过程中，观察、记录他们的数量、取食方式、食物构成、繁殖行为、迁徙特点和栖息环境，可为鸟类研究和环境监测提供宝贵的资料。观鸟活动反映了现代人对大自然的热爱和珍视，已成为全球流行的一种户外休闲运动。

二　观鸟的工具

（1）望远镜。野外鸟类经常距离观者较远，望远镜可以将远距离的野鸟拉近易于观察。在观鸟中，望远镜是必备的设备，包括以下几种：

①双筒望远镜。操作灵活、轻便，可快速观察到鸟类。

②单筒望远镜。有镜筒、三脚架、云台共同组成，用它看得更远、更清晰。

③用手机拍鸟。单独购一个手机转接环，将手机的摄像头卡在望远镜的目筒上，立刻将手机变成拍鸟利器。

（2）鸟类图鉴。在野外观鸟时，遇到不认识的鸟类我们可以通过对照图鉴，帮助我们识别。东营鸟类，可参照以下几种图鉴：《黄河三角洲鸟类》《黄河口野鸟识别》《黄河口观鸟指南》。

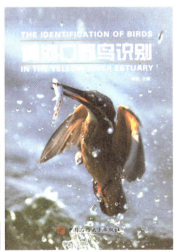

>> 东营市常用的观鸟图鉴

（3）手机查鸟。随着智能手机的普及，可以将观鸟的信息、鸟类图鉴下载至手机，随身携带查阅或记录。推荐在手机上下载以下鸟类图书：《中国野鸟速查》《北京地区隼形目猛禽快速识别指南》《中国鸻鹬类识别指南》。下载方法是：在浏览器中搜索上述鸟类图书名，下载并安装App即可。

>> 鸟类电子图鉴App

三 如何观鸟

在观鸟中，有两个问题我们要认真考虑：

（1）如何准确识别鸟类？

（2）如何处理好鸟类与环境的关系？

这两个问题贯穿整个观鸟过程。识别鸟类可以增长鸟类的知识，增强爱鸟、护鸟的意识。探索鸟类与环境的关系则从深层次了解鸟类保护的奥秘，并从中受到生态原理的启发，获取丰富的生态知识，自觉树立良好的环保意识。在观鸟中，有以下要点要牢记：

① 认准标识，贯穿始终。标识是某一鸟种区别于其他鸟种的独特的外形特征或行为。认鸟的过程要把寻找、确认标识贯穿其中。以下是一个简

家麻雀　　　　　　　　　　山麻雀　　　　　　　　　　[树] 麻雀

单的例子，图中黑线所指是鸟种的标识：[树]麻雀脸部有个小黑斑，山麻雀头顶红，家麻雀头部灰，认清它们了吗？

　　② 了解鸟的结构。这一部分我们应该静下心来，好好学习，它像一本词典，帮助我们查鸟。但记住这些名词可不容易，没关系，看到鸟后，我们对照着"鸟的结构"图查一查，时间长了就会熟悉了。

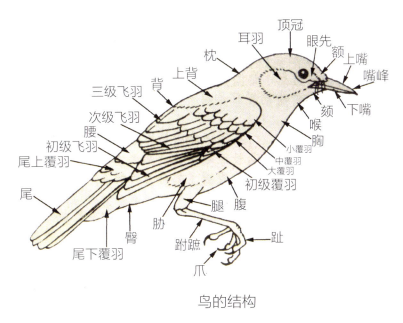

鸟的结构

　　③ 大自然是最好的课堂。每位资深的观鸟者都会津津乐道地介绍他们的观鸟经验。但这是他们的经验，并不是你自身获得的知识。大自然是最好的课堂，兴趣是最好的老师，当你走进大自然，体验观鸟带给你的乐趣，你所收获的乐趣和知识才是最宝贵的财富。

四　鸟类的生存环境

鸟类生存有四要素：食物、水、隐蔽物及安全的生存空间。食物和水是鸟类生存的基本需求，保证了鸟类新陈代谢所需要的物质和能量；隐蔽物及安全的生存空间提供了鸟类的生存空间及安全的心理需要。

鸟类生存的四要素

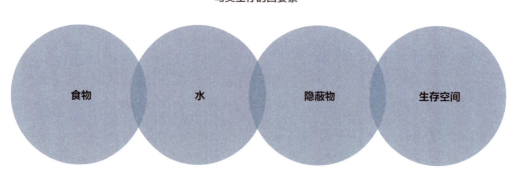

食物　　水　　隐蔽物　　生存空间

在观鸟过程中，一定要观察鸟类出现在什么样的环境中？它们吃什么？到哪里饮水？周围安全吗？考虑这些问题，我们对鸟类、对大自然就会有更深入的了解，才能懂得如何更好地保护鸟类、爱护大自然。

五　到哪里观鸟？

有一颗善于观察的眼睛，你就会发现我们居住的小区、学校，在我们身边就有个秘密的世界，一个鸟类的小王国。

春季，春暖花开、柳树发芽季节，叽叽喳喳的柳莺开始到来，黄腹山雀也会隐藏在花丛中；

夏季，你稍微留意就可能会在柳树中发现中华攀雀织编的精美鸟巢；

秋季，树木落叶时节，小型的鸡类已匆匆赶来；

冬季，落叶的杂草中会有跳跃觅食的鸫类。

还有一些与我们长年相伴的大山雀、喜鹊、白头鹎……一年下来，我们身边竟然有近百种鸟类！这真是个令人惊奇的鸟类世界。

如果你有充足的时间，在我们东营周围就有丰富的鸟类资源，在周末或假期，一起走进大自然，体验一下观鸟的快乐之旅吧。

观鸟时间指南

居留型	观鸟时间
候鸟	一年四季常见
夏候鸟	夏季常见，但春末（到来）、秋初（离开）也可见
冬候鸟	冬季常见，但秋末（到来）、春初（离开）也可见
旅鸟	春、秋季节常见，旅鸟的停留时间较短，常集中在春、秋的少数时间内可见
迷鸟	有的年度会出现，未发现明显规律性出没

观鸟地点指南

生态型	观鸟环境	理想地点
游禽	宽阔水域	水库、河流、湖泊
涉禽	浅水水域	海边滩涂、浅水沼泽、浅水池塘、水渠
攀禽	树林	森林、苗圃、公园、植物园
猛禽	空阔的区域	高山、空旷的森林边缘
陆禽	多种生境	森林、草地、农田、公园
鸣禽	多种生境，常在人类居住区附近	森林、林院、村庄、农田、树林、公园

东营市重要观鸟地点情况说明

观鸟地点	鸟类种类	观鸟时间	对应观鸟地点分布图
山东黄河三角洲国家级自然保护区	东营地区的大部分鸟类均可见，以水鸟胜名，特别是珍稀濒危鸟类	一年四季	4、5、6
天鹅湖及其周边沉沙池	越冬天鹅、雁鸭类、鹭类，迁徙期行鹬鹬类较多	11月至第二年3月，天鹅及雁鸭类多	1、2
沿海防潮大堤	行鸟、鹬、鸥类、鹭类	3—5月；8—11月	3
河口区北苇场	雁鸭类、鹤类、鹭类、鸥类	春秋迁徙季节	7
揽翠湖旅游度假区	雀形目林鸟	冬季及初春，林叶稀疏时观鸟较理想	9
六干渠苗圃白鹭园	小白鹭、牛背鹭、夜鹭、池鹭四类鹭每年在此繁殖	4月开始孵卵，8月下旬迁离	8
夏家央林地	小白鹭、夜鹭、池鹭及鸮类每年在此繁殖	4月开始孵卵，8月下旬迁离	10

观鸟地点分布图

观鸟点
1. 天鹅湖；
2. 沉沙池；
3. 沿海防潮大堤；
4. 自然保护区（大汶流管理站）；
5. 自然保护区（黄河口管理站）；
6. 自然保护区（一千二管理站）；
7. 河口区北苇场；
8. 六干渠白鹭园；
9. 揽翠湖；
10. 夏家央。

观鸟点周围城镇
东城
河口区
仙河镇

周围城镇到观鸟点公路
A. 黄河路；
B. 东八路；
C. 东二路；
D. 南二路；
E. 仙河镇至保护区公路；
F. 刁口乡至仙河镇公路；
G. 河口区至刁口乡公路

六　开启你的观鸟旅程

当你具备了鸟类的基础知识，走进大自然，开启你的观鸟旅程吧。

在观鸟中，随时记录观察信息，如鸟的种类、数量、地点、环境，设计一个记录本，把它打印成册，随身携带。

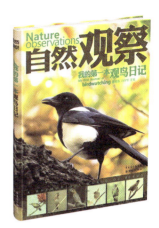

七　观鸟记录本

记录人		观鸟人		
地　点		时　间	年　月　日　时　分至　时　分	
天　气		温　度		
环　境 描　述				
序　号	鸟种名称	数　量	鸟种出现的环境	备　注
1				
2				
3				
4				
5				
6				
7				
8				
9				
10				
11				
12				
13				
14				
15				
16				
……				
汇总	共观察到　种　只鸟类。			

实践活动

作品赏析。以下是同学观鸟的绘画作品，在观鸟过程中，你也可以将观察的信息画下来，帮助自己加深对鸟类的了解。

>> 东营市胜利四中李沁悦须浮鸥绘画作品

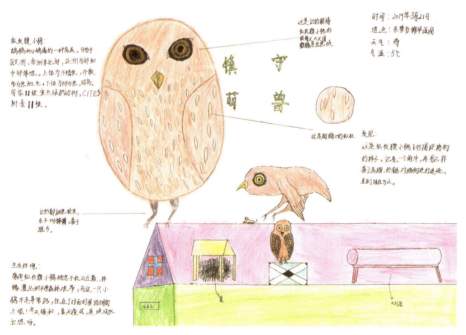

>> 东营市胜利锦华小学四年级周夕养观鸟笔记

>> 东营市胜利四中裴季宁喜鹊绘画作品

>> 东营市胜利四中裴季宁苍鹭绘画作品

12笔记大自然

笔记大自然

　　我们身边的大自然无时无刻不在发生着悄然变化，呈现出其神奇与美妙！如果能用你的慧眼不断观察，认真记录，积极思考，你就能在自然的发现中获得喜悦。

　　现在，让我们一起来学习自然笔记——为自然写日记的方法。掌握了这个方法，我们就能随时随地欣赏和记录自然，探索和发现自然。

一　什么是自然笔记？

　　自然笔记是用书写、绘画等形式将自己在大自然中观察的切实感受、感悟以图文并茂的方式表达出来，它注重体验大自然、观察大自然、走进大自然，培养对大自然的感情和感悟。

笔记大自然

绘画+文字=自己切实的感受感悟

二　自然笔记的方法

　　材料：碳素笔、铅笔、彩铅、速写本、素描纸、画夹等。
　　要怀着对自然的好奇心和耐心，还有一双善于发现的眼睛！

我不擅长绘画，是否可以？——通过自己的认真观察，抓住特征即好。

我写作文采不好？——文字，表达观察即好。

让我们走进大自然，一起开始你的自然笔记！

你可以走出去，调动你全身的每一根神经，

去看，
去闻，
去听，
去摸，
去欣赏，
去发问，
去学习，
去思考，
……

观察+记录（绘画，文字）

看　闻　摸　听　拓印　量

你对大自然真切的体验与感悟是笔记大自然的灵魂所在

笔记大自然必须是大自然中的自然状态、自然场景

蕴含千丝万缕信息？　　深入观察细致记录

花期？果熟期？　　晴雨?物候？

第一步：认真观察。你可以：弯下腰低下头观察地面；边走边看去发现；抬起头观察，把看到的景物记录在脑中；反复练习，熟练后就可以进行全景观察了。

第二步：边观察边想。详细描述你所看到的景物，它有什么特征？它的形状、颜色、姿态、结构如何？最吸引你的是什么?

第三步：做好记录。用简笔画或素描的方式把它描绘下来。画完后，用文字写出你的认识、感悟和思考。文字不要多，但一定要说明，你所描绘的自然物或自然现象所带给你的领悟和冲击，为什么要画它？你观察时的地点、时间、天气？记录的对象、目标是什么？写出自己的感悟和思考很重要！

第四步：互相交流学习。和小伙伴们说说你的发现和思考，看看能不能发现更多的问题！

完成了以上几个步骤，开始动手尝试设计你的第一幅自然笔记作品吧！

地点 > 图文 > 天气 > 时间 > 笔记大自然

>> 笔记大自然要素

三　开始笔记大自然

我的第一个作品，是不是很简单，是不是很有趣？

自然笔记

简单随意！带着你的观察和感受，这就是自然笔记。

好的笔记大自然作品应具备的要素：

● 素材真实科学；

● 观察细致；

● 文字描述翔实；

● 有独特的思考和感悟；

● 图画优美，设计合理。

>> 做好自然笔记需要注意的事项

自然需要我们，正如我们需要自然一样。

笔记大自然，让我们认识自然、走进自然、自主学习、愉悦身心。

反复练习，是掌握自然笔记的重要方法。加油吧！

没做过自然笔记？很简单！

第一步：走进大自然
做自然笔记重要的一点就是观察，带着一双善于观察的眼睛、一颗好奇的心，你会发现我们身边的大自然好奇妙！

第二步：笔记大自然
我不会绘画，我文采也不好。没关系，自然笔记不需要高超的画技，它注重你对大自然的观察、理解、感悟。你将这种观察用文字和画图表达出来就可以了。其中，绘画不必考虑过多细节，只要生动形象，能恰当表达自己的意思就可以了。文字是点睛之笔，不能画出来的，用文字来表达自己的独特发现和感悟就行了，不用长篇大论。

最后，加上观察时间、地点、天气等，你的作品就完成了！

>> 自然笔记的简要步骤

实践活动

作品赏析：学习2018年东营市首届自然笔记比赛作品，掌握笔记大自然的技巧。

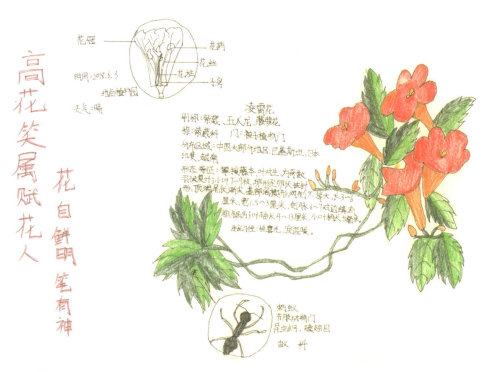

>> 东营市丽景小学四年级三班 张姝婕

>> 东营市实验中学 朱柯瑜

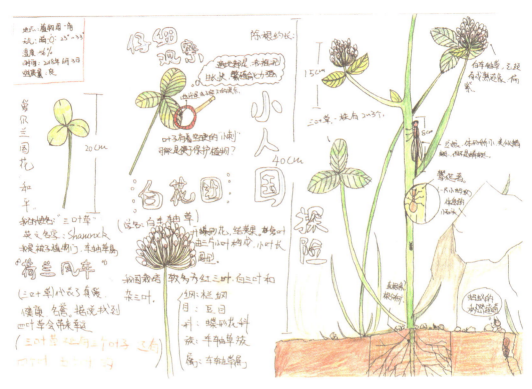

>> 东营市实验中学 宋欣悦

>> 山东省东营市胜利四中 裴季宇

13黄河口湿地博物馆

>> 黄河口湿地博物馆

　　黄河口湿地博物馆以黄河口湿地及生物多样性为主题，隶属于山东黄河三角洲国家级自然保护区管理局。2005年10月正式开馆，建筑面积3 791平方米，包括序厅、电教厅、生物多样性厅、生态厅、地质厅5个部分，具有展示、收藏研究、服务管理、游览观赏4个功能区。

一　展馆定位

　　博物馆具有收藏、展示、教育、科研等多种功能，通过标本展示和声光电多媒体技术，将科学性、知识性、趣味性、教育性相统一，为开展丰富多彩的科普活动及研学游活动提供场所。

二 展馆内容

● 序厅

以沙盘＋多媒体形式，简要介绍山东黄河三角洲国家级自然保护区的基本情况。

● 生态厅

以"神奇的湿地"为主题，介绍湿地的概念、类型、功能及保护意义。本厅以实景绘画与标本融合的方式，展示了黄河三角洲湿地的形成、发展、演替及各种生境代表性生物资源。

● 地质厅

介绍黄河三角洲的历史变迁、演变、地形地貌及形成过程。通过矿石标本，介绍石油的形成及开采过程。

● 电教厅

配置投影仪、大屏、音响等多媒体设备，可容纳240名游客在此观看节目、休息、学术交流。

● 生物多样性厅

以标本、实景模拟等方式展示黄河口生物多样性资源。其中，鸟类标本150种266件，昆虫标本922件，植物标本115种，兽类、两栖类、爬行类标本17件，海洋贝类标本187件、鱼类72件。

博物馆是实施科教兴国战略、可持续发展战略和提高群众科学文化素质的基础设施，是进行爱国教育和科普教育的重要基地，黄河口湿地博物馆先后被评为"全国科普教育基地""中国十大最美湿地场馆""五星级山东省科普教育基地"。

生物多样性厅

150种266件

01 鸟类标本

922件

02 昆虫标本

兽类、两栖、爬行类标本

03 17件

115种

04 植物标本

05 海洋展区

贝类187件
鱼类72件

黄河口湿地博物馆

THE YELLOW RIVER ESTUARY WETLAND MUSEUM

三　研学指南

地址：东营市东城沂河路258号

交通：165路公交车湿地博物馆下车；

　　　113路、121路明月豪庭站下车，西行800米。

时间：周一至周六，周日闭馆（节假日除外）

　　　上午08：30—11：30

　　　下午13：30—16：30（10月1日至4月30日）

　　　　　14：30—17：30（5月1日至9月30日）

电话：0546—8306522　8307011

费用：公众免费

实践活动

（1）研学准备。

①　查阅资料或与父母交流，了解什么是湿地，黄河三角洲湿地形成的原因。（适合小学段）

②　结合小学科学的学习，了解不同环境中的动植物形态结构的不同。（适合小学段）

③　结合地理学科的学习，了解黄河三角洲湿地的地理位置、形成原因及类型。（适合中学段）

④　结合生物学科的学习，了解湿地生态系统的组成，了解湿地动植物形态结构特点及生活习性，尤其关注湿地鸟类的种类及特点。（适合中学段）

（2）研学方法。

①　小学段的学生应在家长陪同下进行研学，每5～10人配备一名指导教师。根据研学任务单的要求，分步完成，小组内交流研学成果。

②　中学段可在教师引领下以班级为单位组织，每5～8人为一组进行独

立研学。每两组配备一名指导教师。按照研学任务单的要求完成，先组内成员汇报研学成果，后班内分组展示研学成果。

(3) 研究任务单。

展　厅	任　务　清　单	记　录	备　注
生态厅	1. (小学) 描述你所看到的湿地的组成。 2. (中学) 从湿地的组成上分析，保护湿地应从哪些方面入手？ 3. (中学) 讨论保护湿地与开发利用湿地的关系。		
地质厅	1. (小学) 黄河三角洲主要的地质遗迹有哪些？选取一种记录其形成过程。 2. (中学) 研究黄河三角洲的地质遗迹有何意义？ 3. (中学) 黄河三角洲石油的开发对湿地有何影响？		
电教厅	开展科普讲座活动或研学成果交流		
生物多样性厅	1. (小学) 记录几种你喜欢的鸟类的形态特点（体形大小、羽毛形状及颜色、爪的形态等） 2. (中学) 鸟类的形态特点与生活环境如何适应？试举例说明。 3. (中学) 如何科学地开发和利用湿地生态系统丰富的动植物资源？		
启发（疑问）			

(4) 拓展活动。

①查阅资料或实地走访，了解在保护湿地生态方面，东营市市政府采取了哪些措施？

②思考：为保护家乡的生态环境，我们可以做些什么？

14黄河三角洲鸟类博物馆

黄河三角洲鸟类博物馆
Bird Museum of the Yellow River Delta

黄河三角洲鸟类博物馆坐落于山东黄河三角洲国家级自然保护区，总展览面积约3 000米^2，集收藏、展示、宣传、教育、科研、休闲等多种功能于一体，是展示黄河口生态保护及人与自然、鸟类和谐发展的博物馆，也是目前全国规模最大的鸟类专题博物馆。

一 展厅布局

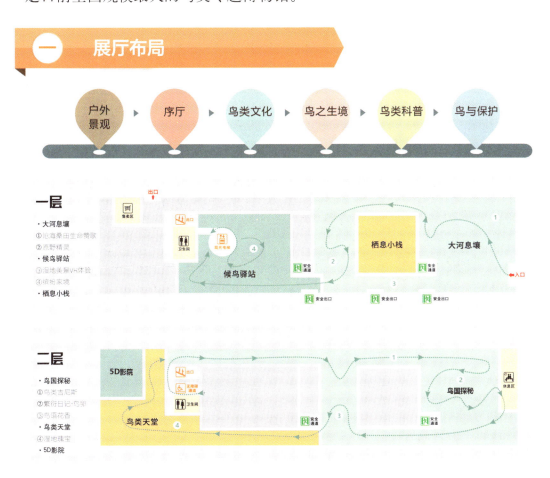

博物馆以保护珍稀鸟类，共建生态文明为主题，通过四大主题展厅，1 400余件标本物，再现了黄河三角洲湿地风貌和多样性鸟类资源，使人们体验丰富多彩的鸟类世界、人鸟共生的自然环境，启发保护鸟类、保护自然的生态意识。

二 四大主题

● 大河息壤

主题	黄河是中华民族的"母亲河"，在山东省东营市，形成中国最年轻的湿地，孕育生命的摇篮。这个展厅通过河海交汇、新生湿地、泥畔天堂三大主题，以动态的河流、成长的陆地、新生的生命为线索，通过黄蓝交汇、湿地生命、湿地生境予以展示，让你了解黄河万里图、黄河口变迁、湿地诞生，探寻生命多元的奥秘
内容	黄蓝交响乐、黄河口赞歌、地球之肾、水土共生、水中居客、原野精灵、多样生态

●候鸟驿站

主题	黄河口是"鸟类的国际机场"，是鸟类迁徙的重要驿站。黄河口丰富的鸟类是从哪里来的，它们如何迁徙，在黄河口如何生活，它们有哪些种类？这个展厅通过"迁徙驿站"和"缤纷佳境"两大展区，通过鸟类标本和湿地场景结合，让你身临其境，感受鸟类在这里迁徙、繁殖、停歇、越冬的故事
内容	鸟类的迁徙行为、全球的鸟迁徙路线、与鸟比翼齐飞互动、鸟与梦飞行投影、黄河三角洲湿地美景VR虚拟漫游、鸟类在黄河口生存的六大环境、不同环境的鸟类

●鸟国探秘

主题	世界上鸟类有9 700多种，是个充满无限精彩的世界。这些鸟类是如何进化而来的，它们如何繁衍后代，如何生存，它们与人类间有什么关联，发生了什么有趣的故事？这个展厅通过现代化的展示手段、丰富的标本文物、翔实有趣的展览内容，通过科学与文件、展示与互动、科普与休闲等方法，让你在沉浸式体验中自然萌生爱鸟、护鸟之情
内容	鸟类生命进化树、鸟类起源、野外实景观鸟、鸟类的祖先、家族谱系、鸟类吉尼斯、知雄辨雌、鸟的飞翔、千足百喙、繁衍日记（求偶、筑巢）、生命诞生、生存智慧、人鸟相依、百鸟呈祥、百家争鸣、鸟语花香

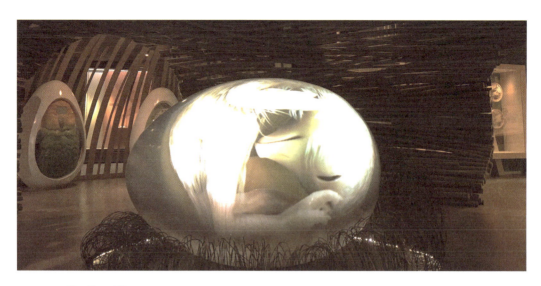

● 鸟类天堂

主题	在黄河三角洲这片中国最年轻的湿地上，人们通过辛勤付出、悉心保护，建设了"中国东方白鹳之乡""中国黑嘴鸥之乡"，保护了鸟类天堂。他们在鸟类保护中发生了什么故事？我们保护鸟类还需要开展什么工作？鸟类的保护我们受到什么启发？这个展厅通过"生命守护""湿地瑰宝""发展愿景"，讲述了保护鸟类的故事，启发鸟类保护的思考，启迪我们共同保护鸟类
内容	渡渡鸟灭绝之殇、黄河口珍稀鸟类、中国东方白鹳之乡、中国黑嘴鸥之乡、保护鸟类故事、5D未来剧场、我的护鸟梦想签名

三 研学指南

地址：东营市黄河口生态旅游区门景区3号楼

交通：东营市东八路北行至最北界

时间：上午08：30-11：30

　　　下午13：30-16：30 （11：00 / 16：00闭馆）

电话：400-166-2158

费用：公众免费

实践活动

（1）**选择主题**。鸟类博物馆内容非常丰富，通过讲解员的解说，对所有内容有所了解以后，可以选定主题，进行主题研学。以下主题可供借鉴：

① 探秘黄河三角洲湿地的形成与保护。（适合中学段）

② 丰富多彩的湿地生物。（适合小学段）

③ 湿地鸟类的多样性研究。（全学段）

④ 鸟类的迁徙路线研究。（适合小学段）

⑤ 鸟类的生殖与发育过程研究。（适合小学段）

⑥ 鸟类的进化研究。（适合中学段）

⑦ 不同鸟类的识别（画图或描述）。（适合小学段）

⑧ 鸟类呼吸方式探秘。（适合中学段）

（2）**组织活动**。可以从以上主题中选择1～2个或自主拟定研学主题，相同主题的同学组成一个研学小组，以5～8人为宜，人多可一个主题分几个小组；每个研究小组要选出一名小组长，负责组织小组研学活动，一名记录员，记录研学成果。在研学中，通过观察、体验、问询、查阅资料等方式进行研学。

（3）**记录研学内容**。以下是一份研学记录单，可以借鉴。

研学记录单

学校：_____ 班级：_____ 姓名：_____ 日期：_____

研究主题：_____

研究方法：_____（观察、查阅资料、问询、讨论等）

疑问及解答：_____

_____

_____

_____

研究成果：_____

_____

_____

_____

（4）**问题讨论及解决。**主题研学的成果要及时交流分享，还可以评选出最佳成果。各小组在汇报交流研究成果的时候，也正是进行思维碰撞，锻炼能力，提升素养的绝佳时机。

讨论的话题：_____

大家意见：_____

解决方案：_____

（5）**成果汇总。**研学归来，指导老师可以将学生有价值的、典型的研学成果进行汇总，成为成长历程中的宝贵财富。

可以采取以下形式：

① 研学归来，你有哪些收获？与家人朋友分享。

② 将活动内容总结，形成自己的研学报告。

③ 设计湿地（鸟类）保护的宣传海报，张贴在学校宣传栏，或进入社区等公共场所进行宣讲。

15东方白鹳科考记

适宜人群：大众深度生态体验游；中小学研学游；专业科考活动

开展时间：3—6月

开展地点：山东黄河三角洲国家级自然保护区

推荐理由：

稀有性：东方白鹳仅在少量地区分布，为国家一级保护鸟类，数量稀少，保护级别高。

教育性：历史上东方白鹳在黄河口无繁殖记录，随着生态环境改善，东方白鹳开始在此繁殖，种群数量每年增加，已成为中国重要的繁殖地。通过考察东方白鹳与生态环境的对应关系，了解鸟类保护的基础知识，有益于提高鸟类保护和环保意识，获取丰富的生态知识。

观赏性：东方白鹳体型高大，野外易识；在当地一年四季常见，野外易见。

一 了解相关知识

东方白鹳是世界濒危鸟类，列入红色物种名录，全球野生数量仅3 000只左右，属国家一级保护鸟类。东方白鹳曾广泛分布于亚洲的东北部，由于自然资源破坏，东方白鹳的数量急剧下降，20世纪70年代在日本和朝鲜绝迹。黄河口有东方白鹳繁殖种群110余对，是中国最重要、种群最大的繁殖地，被誉为"中国东方白鹳之乡"。

二 识别东方白鹳

嘴长黑色

全是白，翅外缘黑

体大
（长约1米）

脚长红色

科考的第一步是识别东方白鹳。

（1）静态识别要点：

① 体型大，体长约1米；
② 嘴很长，黑色；③ 脚长，红色；
④ 全身白色，但翅外缘黑。

（2）飞翔识别要点：

① 脖子伸直（如果弯，一般是白鹭而不是东方白鹳）；②全身白色，翅的外缘是黑色。

对东方白鹳准确识别后，开启科考旅程！

全身白色，翅的外缘是黑色

脖子伸直

三 记录科考信息

从以下4个方面观察，并认真记录观察信息：

① 食物类型。观察正在觅食的东方白鹳，并根据自己的观察记录下食物类型，如鱼类、蛇等。

② 生态环境。将你发现的东方白鹳所处的环境记录下来，如芦苇沼泽、河沟、小水池等。

③ 行为。将你看到的东方白鹳的行为记录下来，如觅食、休息、飞翔、交配等。

④ 数量。每见次见到东方白鹳，都记录它的数量，但一定不要重复记录。如果见到巢中雏鸟，也要记录雏鸟的数量。

小博士

东方白鹳繁殖过程时间表

●筑巢：自2月下旬开始至繁殖期结束。主要在水泥电线杆、人工招引杆或者高压输电铁塔上。用树枝做巢，在巢内铺上芦苇絮、树叶等材料，巢呈圆框形。

●交配：3—5月，雄性为争夺配偶而竞争。

●产卵：交配后不久即产卵，每窝产卵3～5枚，白色。

●孵化：一般为33天，雌雄亲鸟轮流孵卵。

●育雏：一般为65天，雌雄亲鸟均参加育雏。

●幼鸟出壳：大部分在4～5月份，也有因受到干扰而重新交配繁殖，出壳时间推迟的情况。

●离巢：幼鸟出飞时离巢，幼鸟出飞时间一般在6月底至7月初离巢，个别受干扰离巢时间会延迟到8月上旬。

 四　设计科考记录表

制作一个科考记录本，将它打印成册，在科考时随身携带，将观察的信息记录下来，形成你的科考记录。

东方白鹳科考记录本			
时间：＿＿年＿＿月＿＿日　　天气：＿＿＿＿＿＿　记录人：＿＿＿＿＿＿			
地点：＿＿＿＿＿＿＿＿＿　　联系方式：＿＿＿＿＿＿＿＿＿			
数量	食物类型	生态环境	观察到的行为
第　　只			

第　只			
第　只			
第　只			
第　只			
第　只			
第　只			
汇总	共记录到＿＿＿＿＿＿只，食物类型有：＿＿＿＿＿＿＿ 生态环境为：＿＿＿＿＿＿＿　行为包括：＿＿＿＿＿＿		

如果是雏鸟（可以在3—6月观察），可以记录以下雏鸟观察信息。

东方白鹳雏鸟科考记录本

时间：＿＿年＿＿月＿＿日　天气：＿＿＿＿＿＿＿　记录人：＿＿＿＿＿＿

地点：＿＿＿＿＿＿＿＿＿＿＿＿　　联系方式：＿＿＿＿＿＿＿＿＿

数量 （用数字）	观察到的 行为	食物类型	母鸟是否在巢中	所在位置 （如电线杆编 号）
第　只				
第　只				
第　只				
第　只				
第　只				
第　只				
第　只				
第　只				
第　只				
第　只				
汇总	共观察到 ＿＿＿＿＿＿只雏鸟			

五　汇总科考成果

通过你的观察，利用上述记录表，形成你独特的科考体验报告。形式可以多样，如绘画、笔记大自然、科考报告等。可以从以下方面撰写：东方白鹳是非常珍稀的物种，为什么出现在黄河口？它们的食物是什么？出现在什么环境中？科考中发现多少只东方白鹳？多少雏鸟？是否有威胁？有什么保护建议？

小博士

鸟类生存受四大要素制约：食物、水、隐蔽物及人为干扰，从这四个因素，结合科考记录来分析。食物、水满足鸟类基本生存需要，隐蔽物及人为干扰影响了鸟类生存的空间及心理需要。

东方白鹳科考作品

>> 东营市春晖小学张德政科考绘画

16燕子观察记

适宜人群：中小学各个年龄。其中，小学生可开展简单调查，中学生可开展深度科研调查。

开展时间：4—10月。

开展地点：按就近、方便原则，选择所居住社区、学校等。

推荐理由：

易观察：燕子是我们身边常见的鸟类，容易观察识别。

易参与：在我们附近的居住区就有燕子，随时可以参与。

易实施：不同年龄的学生都可参与，内容丰富多彩，适合不同年龄阶段。

教育性强：燕子自古与人类比邻而居，今天却与我们渐行渐远。它们的生存遇到了哪些问题？如何保护它们？通过观察，会给我们更多的启示。

一　识别燕子及燕巢

（1）燕子的识别

常见的燕子主要是家燕和金腰燕，4月来，10月离开，在东营繁殖。

家燕

金腰燕

家燕：①喉部红色，喉下部有个黑斑；②下腹部白，没有纵纹　　金腰燕：①腰部栗红色；②下腹部白，有黑色纵纹

家燕与金腰燕的区别

家燕：体长约20厘米。上体钢蓝色，下体白，喉红具一道蓝色胸带，腹白；尾甚长，分叉，近端处具白色点斑。

金腰燕：体长约18厘米，上体钢蓝色，腰部栗红色；下体白而多具黑色纵纹；尾长分叉。

准确识别两种燕子是开展燕子调查的基本要求，它们的区别如下：

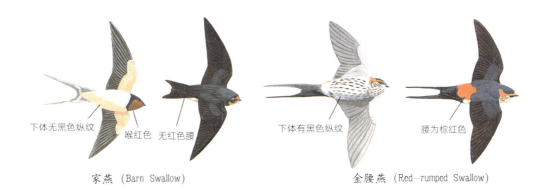

下体无黑色纵纹　喉红色　无红色腰　　　下体有黑色纵纹　　腰为棕红色

家燕（Barn Swallow）　　　　　金腰燕（Red-rumped Swallow）

	腰部区别	下体区别	喉部区别
家燕	无红色腰	下体无黑色纵纹	喉红色，下有黑色横纹
金腰燕	腰部栗红色	下体有黑色纵纹	无红喉和黑色横纹

（2）燕巢的识别

金腰燕和家燕的巢穴伴人而居，多筑巢于屋檐下，距离水源地不远，巢的周围为开阔高处，如电线或树木上。这两种燕子经常在同一处筑巢。

家燕的巢

金腰燕的巢

家燕的巢：开口很宽大，像个大碗 　　　　金腰燕的巢：开口很细小，像个花瓶

>> 家燕与金腰燕巢的区别

	材　料	形　状
家燕巢	湿泥混合稻草、枯枝，巢内铺垫有枯草、羽毛等柔软材料	巢开口很大，碗形
金腰燕巢	一块一块湿泥叠积	巢基大，开口小，花瓶状

二 设计表格，开展调查

在开展调查活动中，我们需要记录观察信息。制作一个调查表格，有助于我们将观察的信息有条理地记录下来。

燕子及燕巢调查表格

（在每次调查时打印，并在调查中填写）

时间：_____	地点：_____	天气：_____
学校：_____ 指导老师：_____		家长：_____
记录人：_____ 联系方式：_____		邮箱：_____

燕巢地址		燕子种类	□ 家燕　□ 金腰燕 其他（　　　）
1.燕巢的详细信息。	如：所在的门牌号、楼层，楼梯转角或外墙等信息		
2.燕子筑巢的材料是什么？	□ 泥墙　□ 木墙　□ 瓷砖墙面　□ 下水管道 其他　（　　　）		
3.燕巢附近是什么样的环境类型？	□ 住宅楼　□ 商店　□ 田地　其他（　　　　　）		
4.燕巢周围的环境好吗？	□ 声音嘈杂　□ 有刺鼻的味道　□ 晚上有灯光 其他（　　　）		
5.燕巢使用的材料？	□ 泥土　□ 干草　□ 羽毛　□ 人工材料　其他（　　　　）		
6.大燕子当时正在做什么？	□ 筑巢　□ 孵蛋　□ 喂小燕子　□ 不在巢中　其他（　　）		

7.你看到小燕子了吗？	☐ 有，小燕子共_____只　☐ 没有看到
8.小燕子在做什么？（安静远距离观察，不要打扰它们呀）	☐ 毛茸茸的　☐ 正在长出羽毛　☐ 已长出飞羽和尾羽 ☐ 正要离巢　☐ 等妈妈喂食　　其他（　　　）
9.附近有没有燕子？	☐ 家燕_____只　☐ 金腰燕_____只　其他鸟类_____

画一画：燕巢（可拍照片或手工画扫描后放在此框内；可作为附件与此调查表格一起提交）

看一看：记录下你观察到的其他现象（如：燕子喂燕宝宝多长时间？多少次？别的鸟会抢占燕子窝吗？燕子去哪里找来筑巢的材料呢？你看到的燕巢离你家有多远呢？）

问一问：周围的市民会主动保护燕子吗？如何保护？给大家讲讲如何识别燕子，以及燕子对我们的帮助吧。

三　撰写调查报告

可以用日记、绘画或科学发现的方式，将你的观察心得记录下来。

按照以下格式写：×年×月×日，在什么地点，认识了什么燕子？特征是什么？它们在做什么？你看到燕巢的材质是什么？燕巢筑在什么样的建筑材质上？访谈市民是否欢迎家燕到家？你发现环境与燕巢分布之间有何关系？燕子能够从附近环境中取得哪些重要的东西？我们能为保护燕子、保护环境做些什么？

时间：2018年6月3日　天气：晴。
地点：东营市植物园

金腰燕腰部为棕红色，有有细的黑色纵纹，下体戈橙色，有有较粗纵纹。筑巢倒装花瓶，分布几乎遍及全国，主要为夏候身。迁徙时常与家燕混成大群。

燕子与我们朝夕相伴，比邻而居。它们是人类的益鸟，每年都能吃掉几万只昆虫，燕子最喜欢接近人类，它们在我们的屋檐下筑巢。让我们共同爱护这种益鸟，让燕子住我家！

迁是植物园水系改造的一景。我们在这迁发现了许多金腰燕巢巢在一起，在岸边的芦苇中捕食飞虫。周中的水角优良，水草种类丰富。周围国就是别墅巨，为燕子提供了生存环境。但我们在屋檐下发现了被捅掉的燕巢，所以我想借此活动来呼吁大家一起保护燕子，不要去伤害它们。

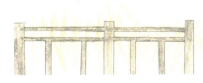

>> 山东省东营市胜利第四中学陈雨竹　燕子观察绘画作品

后　记

　　"星星之火，可以燎原。"2017年5月，中国野生动物保护协会在东营市举办"中国野生动物保护协会第十二期自然体验师暨东营市首批未成年人生态道德教育辅导员培训班"，郭立新、徐大鹏、南红武、刘健等老师将未成年人生态道德教育的先进经验和方法带到了东营，如一粒春天的种子，播种在东营的大地上，参加培训的老师们将这些知识和经验迅速推广到各个学校，促进了各学校未成年人生态道德教育事业的蓬勃发展。

　　"少年强则国家强，少年兴则民族兴。"未成年人生态道德教育工作事关国家希望，民族未来。2016年11月，东营市关心下一代工作委员会联合东营市委精神文明办公室、教育局、林业局、环境保护局等13家单位下发了《关于开展未成年人生态道德教育实践活动的通知》，明确了推进生态道德教育的指导思想、活动内容及有关要求，为开展生态道德教育活动提供了指南。有了政府的大力支持、学校的积极参与、教师的大胆探索，东营市未成年人生态道德教育工作从管理体系建设、学校网络联合、课程教材开发、骨干教师培养等方面形成了完善的制度体系，保障了未成年人生态道德教育工作的顺利开展。

　　"一分耕耘、一分收获。"在实践活动中，东营市构建了以培育和践行社会主义核心价值观为宗旨，以"尊重自然、敬畏生命、保护鸟类、爱护环境"为主线，以科普知识讲座、科普展览、互动游戏、户外观鸟、湿地体验、笔记大自然等主要形式的未成年人生态道德教育框架，广大中小学生在丰富多彩的活动中强化了环境保护的意识，培养了珍爱自然、关爱生命、包容厚德的文明价值观。

　　建设生态文明是关系人民福祉、关乎民族未来的大计，是实现中国梦的重要内容。为了进一步规范东营市生态道德教育工作，引导青少年形成尊重自然、顺应自然、保护自然的生态理念，我们依据本市的生态资源特点，总结开展生态道德教育活动的经验，借鉴其他地区的先进理念，编写了《美丽家乡——黄河口》这本科普教材。

本教材共编排了16课，内容涵盖了湿地、动物、植物、鸟类等富有东营特色的生态资源，设计了野外观鸟、自然笔记、博物馆研学、东方白鹳科考、燕子观察等实践活动，将生态学知识和生态文明价值观融入学生的实践中，以研学游相结合的方式，让学生自觉、主动地接受生态道德教育。本教材适合于小学高年级、中学低年级使用，在使用过程中，教师应引导学生开展参与式、体验式、互动式学习，让生态环保理念贯穿学习及实践活动的始终，培养学生对环境的情感和对社会的责任感。

本教材的编写及出版，得到了中国野生动物保护协会、东营市关心下一代工作委员会、东营市教育局、东营市自然资源局（东营市林业局）、山东黄河三角洲国家级自然保护区管理局、东营市野生动物保护协会、东营市观鸟协会、中国农业出版社及阿拉善SEE山东项目中心的大力支持与帮助，中国野生动物保护协会多次协调、指导教材的编写工作，徐大鹏等专家多次亲临东营，对编写人员进行培训、指导材料的组织、体例的构建、书稿的修改等具体工作，为本教材的编写及出版付出巨大心血，北京市企业家环保基金会（阿拉善SEE）提供资金支持，在此一并致以诚挚谢意。本教材众多资料未能一一注明出处，谨致谢意与歉意。

由于时间紧迫，能力所限，本教材中难免存在不足，敬请广大师生在使用过程中提出宝贵意见。

本书编委会

2019年10月

图书在版编目（CIP）数据

美丽家乡 　　－黄河口 ／ 中国野生动物保护协会等编著.—北京：中国农业出版社，2019.12
ISBN 978-7-109-25839-6

Ⅰ．①美… Ⅱ．①中… Ⅲ．①黄河－河口－生态环境－中小学－教材 Ⅳ．①G634.981

中国版本图书馆CIP数据核字（2019）第185624号

中国农业出版社出版
地址：北京市朝阳区麦子店街18号楼
邮编：100125
责任编辑：刁乾超　王陈路
责任校对：吴丽婷　　责任印制：王　宏
印刷：北京缤索印刷有限公司
版次：2019年12月第1版
印次：2019年12月北京第1次印刷
发行：新华书店北京发行所
开本：787mm×1092mm　1/16
印张：8
字数：110千字
定价：52.00元